Angelika Wagener

Window Color in Tiffany Art

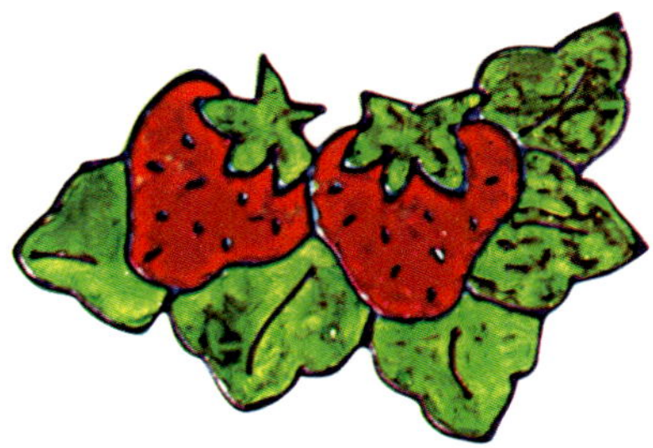

CHRISTOPHORUS
BRUNNEN-REIHE

Seit mehr als 30 Jahren steht der Name „Christophorus“ für kreatives und künstlerisches Gestalten in Freizeit und Beruf. Genauso wie dieser Band der Brunnen-Reihe ist jedes Christophorus-Buch mit viel Sorgfalt erarbeitet: Damit Sie Spass und Erfolg beim Gestalten haben – und Freude an schönen Ergebnissen.

ISBN 3-419-56036-2

4. Auflage 1999

Lektoriat: Maria Möllenkamp, Freiburg
Styling und Fotos: Roland Krieg, Waldkirch
Reinzeichnungen: Carsten Schorn, Freiburg
Umschlaggestaltung: Network!, München
Produktion: Print Production, Umkirch
Druck: Freiburger Graphische Betriebe, 1999

Christophorus
Bücher mit Ideen

Inhalt

Window Color in Tiffany Art

In unserem Kulturkreis ist es ein besonders schöner Brauch, die Fenster der Wohnungen zu dekorieren. Meistens geschieht dies durch Gardinen und Pflanzen. Fenster in alten Herrenhäusern und Kirchen sind besonders prächtig mit Bleiverglasungen verziert. Die Anmutung einer Bleiverglasung erwecken auch die Fensterbilder mit Glas-Design-Farben, auch Window Color genannt. Diese einfach herzustellenden Motive können beliebig oft angebracht und wieder abgezogen werden. Sie haften auf Glas, Plexiglas und Kacheln. Je größer die Motive sind, desto edler und wertvoller sieht Ihr Fenster aus.

Mit Glas-Design-Bildern können Sie Ihre Kacheln in Bad und Küche individuell gestalten. Auch eine Glastür läßt sich so verschönern. Mit kleinen Motiven lassen sich Flaschen und Gläser verzieren – ein immer willkommenes Geschenk.

Sie sehen schon, wie vielfältig dieses Hobby ist! Ich hoffe, Sie werden beim Malen so viel Spaß haben wie ich bei der Arbeit an diesem Buch!

Ihre Angelika Wagener

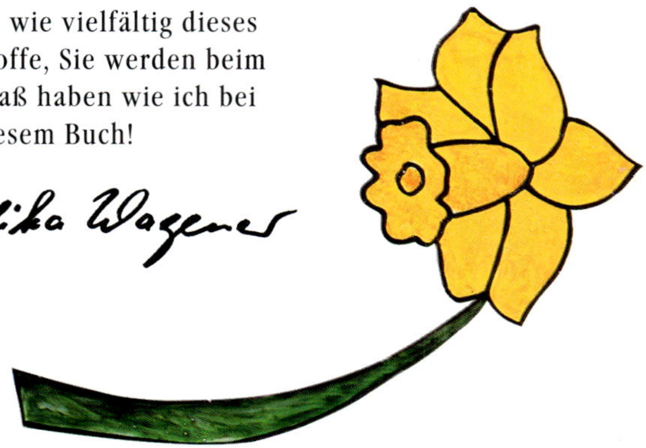

Die Farben

Die Glas Design Farben der Firma C. Kreul gibt es in vielen verschiedenen Farbtönen, die untereinander mischbar sind. Interessante Effekte ergeben sich bei der Mischung von Glitzerfarben mit normalen Farben. Weitere Nuancen entstehen, wenn Sie auf feuchte Konturen oder Farbflächen Glitzerpulver streuen. Alle Farbtöne können mit Schneeweiß aufgehellt oder mit Schwarz abgedunkelt werden. Variationsmöglichkeiten bietet das Mischen der Konturenfarben, z. B. Schwarz mit Gold. Beim Vermischen nicht schütteln, sondern rühren, da sonst zu viele Luftblasen entstehen.

Die Grundtechnik

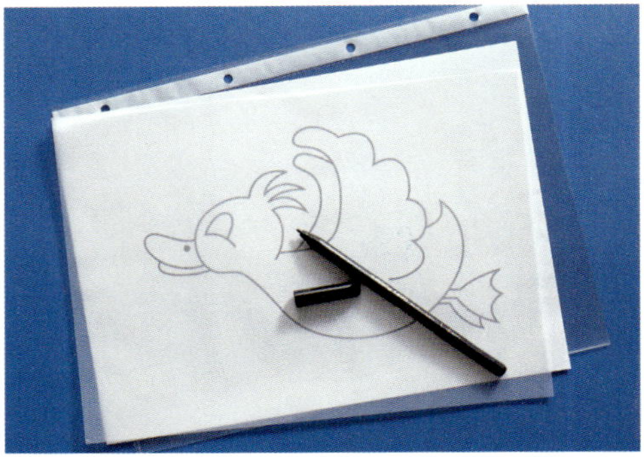

❶ Das Motiv mit Transparentpapier und schwarzem Filzstift vom Vorlagebogen abpausen. Diese Vorlage unter eine Folie legen. Für kleinere Motive eignen sich Prospekthüllen in Din A4 oder DIN A3, in die das Motiv rutschfest eingelegt werden kann. Für größere Motive können Sie Folie von der Rolle verwenden, die im Fachhandel erhältlich ist.

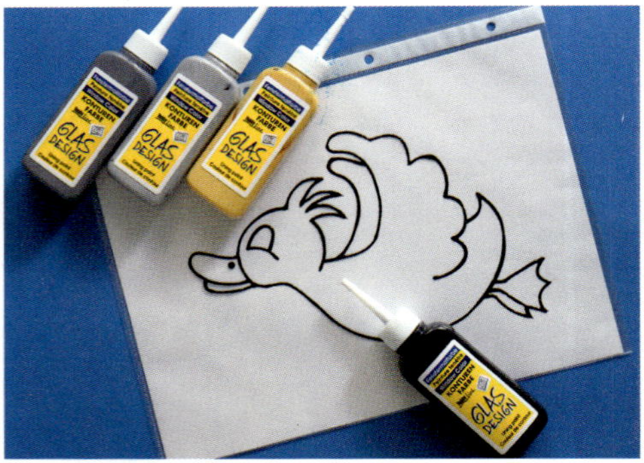

❷ Die Umrisse mit Konturenfarbe direkt aus der Tube oder mit dem Javana Konturenliner oder Profi-Konturenliner auftragen. Dabei die Spitze etwas anheben und die Farbe herauslaufen lassen. Diesen Farbstrang der Linie entlang führen und am Ende der Linie ablegen. Das Auftragen mit dem Liner erspart Ihnen das Drücken der Plastikflasche, es entstehen weniger Blasen. Entstandene Luftblasen sofort mit einer Nadel aufstechen und die entstandene Lücke mit Farbe schließen. Konturen etwa acht Stunden trocknen lassen.

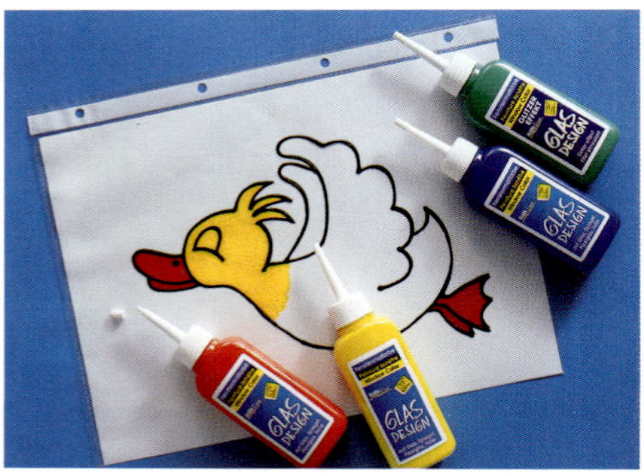

❸ Nun die Flächen innerhalb der Konturen, auch direkt aus der Tube, ausmalen. Auch dieses geht leichter mit dem Konturenliner: Bei größeren Flächen wird der Farbauftrag gleichmäßiger. Zuerst die Farbe an der Kontur entlang auftragen, damit eine feste Verbindung entsteht. Dann das ganze Feld ausfüllen. Luftblasen aufstechen, die Farbe mit einem Holzstäbchen gleichmäßig verstreichen.

Nach dem Trocknen, das dauert etwa 24 Stunden, werden die Farben transparent und leuchtend. Das Bild kann jetzt vorsichtig von der Folie abgezogen und am Fenster angebracht werden. Kalte, unelastische Fensterbilder vor dem Ablösen mit einem Fön erwärmen, da sie sonst zerbrechen können.

Tips und Tricks

◆ Die Folien müssen aus Polypropylen (PP) oder Polyethylen (PE) sein, von PVC-Folien läßt sich das Motiv nicht ablösen.

◆ Die Farben satt auftragen. Bei einer zu dünnen Farbschicht zerreißen die Bilder beim Ablösen.

◆ Trockenzeiten unbedingt einhalten, nie aus Ungeduld die Malerei abziehen, bevor alle Farben transparent geworden sind. Die Farbe „Kristallklar" trocknet langsamer, also länger als 24 Stunden!

◆ Farbe, die über die Kontur gelaufen ist, mit einem Wattestäbchen entfernen. Haben Sie sich im Farbton vergriffen, können Sie die Farbe sofort mit einem Papiertuch entfernen. Warten Sie nicht, bis die Farbe angetrocknet ist. Denn dann ist sie mit der Kontur verbunden und kann nicht mehr entfernt werden, ohne das Bild zu zerstören.

◆ Bei großen Motiven sollten Sie freie Zwischenräume mit Kristallklar ausfüllen, das gibt dem Bild mehr Festigkeit.

◆ Für Farbschattierungen die Farben direkt im Motiv vermischen.

◆ Lange Abschnitte, z. B. die Ränder des Efeumotivs auf Seite 12/13, können leichter ausgemalt werden, wenn die Farbe zuerst an den Rändern entlang fließend aufgetragen wird, danach der Rest quer von Rand zu Rand. Mit einem Holzstäbchen die Farbe in Längsrichtung verstreichen.

◆ Bei schmalen Streifen läßt man Farbe in die Mitte laufen und verteilt sie mit einem Holzstäbchen zum Rand hin. So kann nichts über die Konturen laufen.

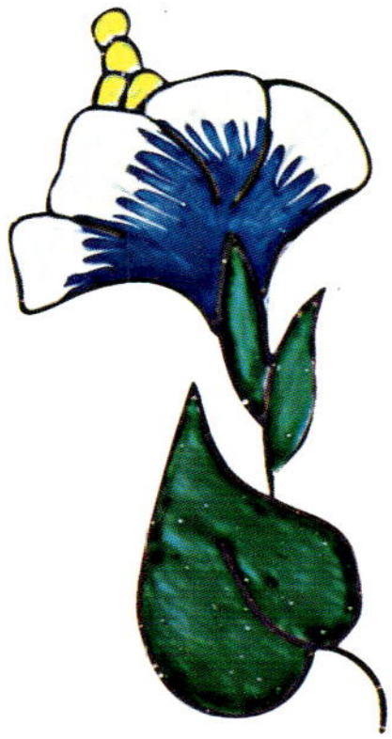

Osterzeit

Material

- **Kontur:**
  Schwarz

- **Farben:**
  Maigrün,
  Moosgrün,
  Goldgelb,
  Sonnengelb,
  Bernstein,
  Royalblau,
  Signalrot,
  Violett,
  Rehbraun,
  Schneeweiß,
  Schwarz,
  Kristallklar

Vorlage A

Anleitung Seite 10

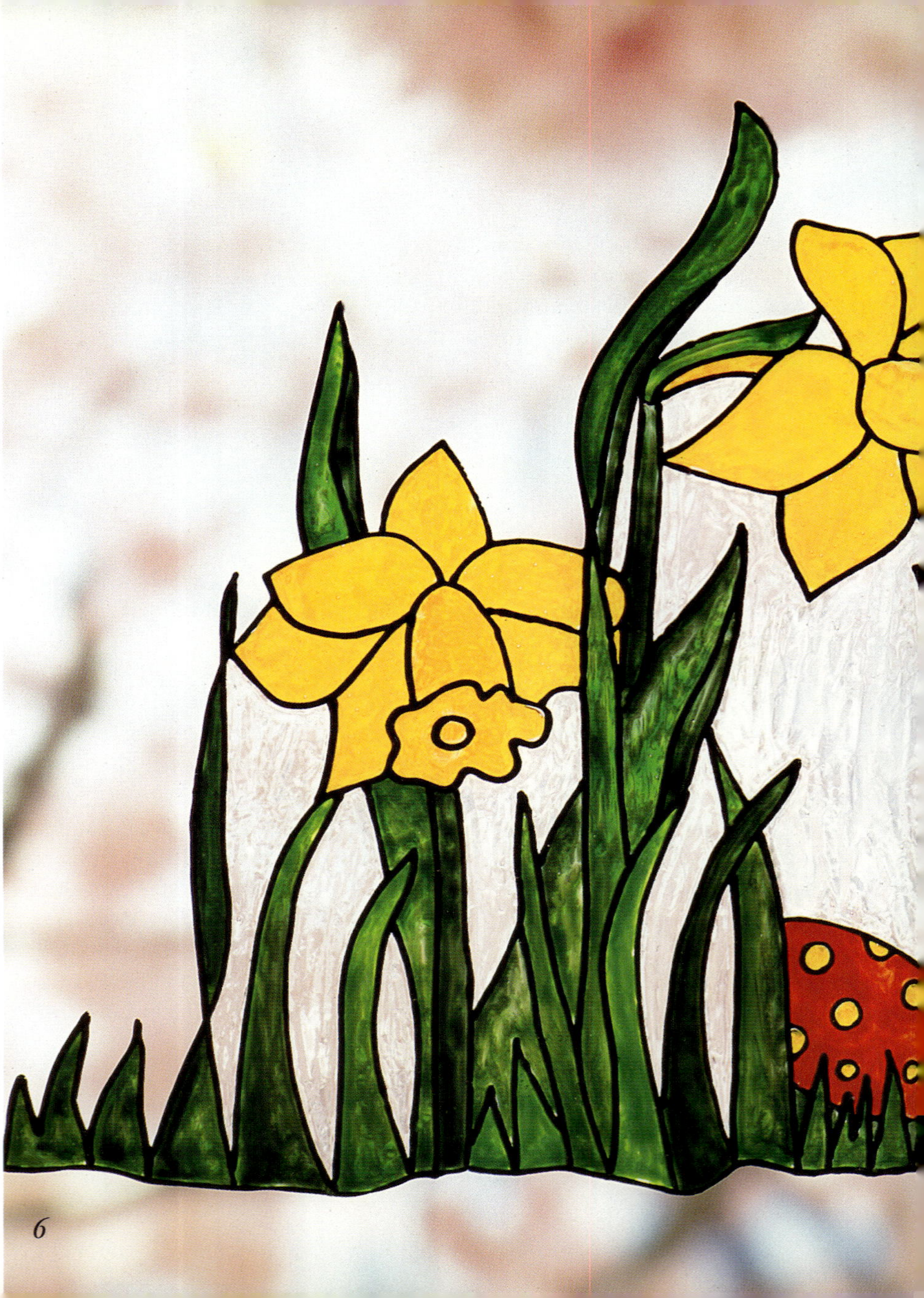

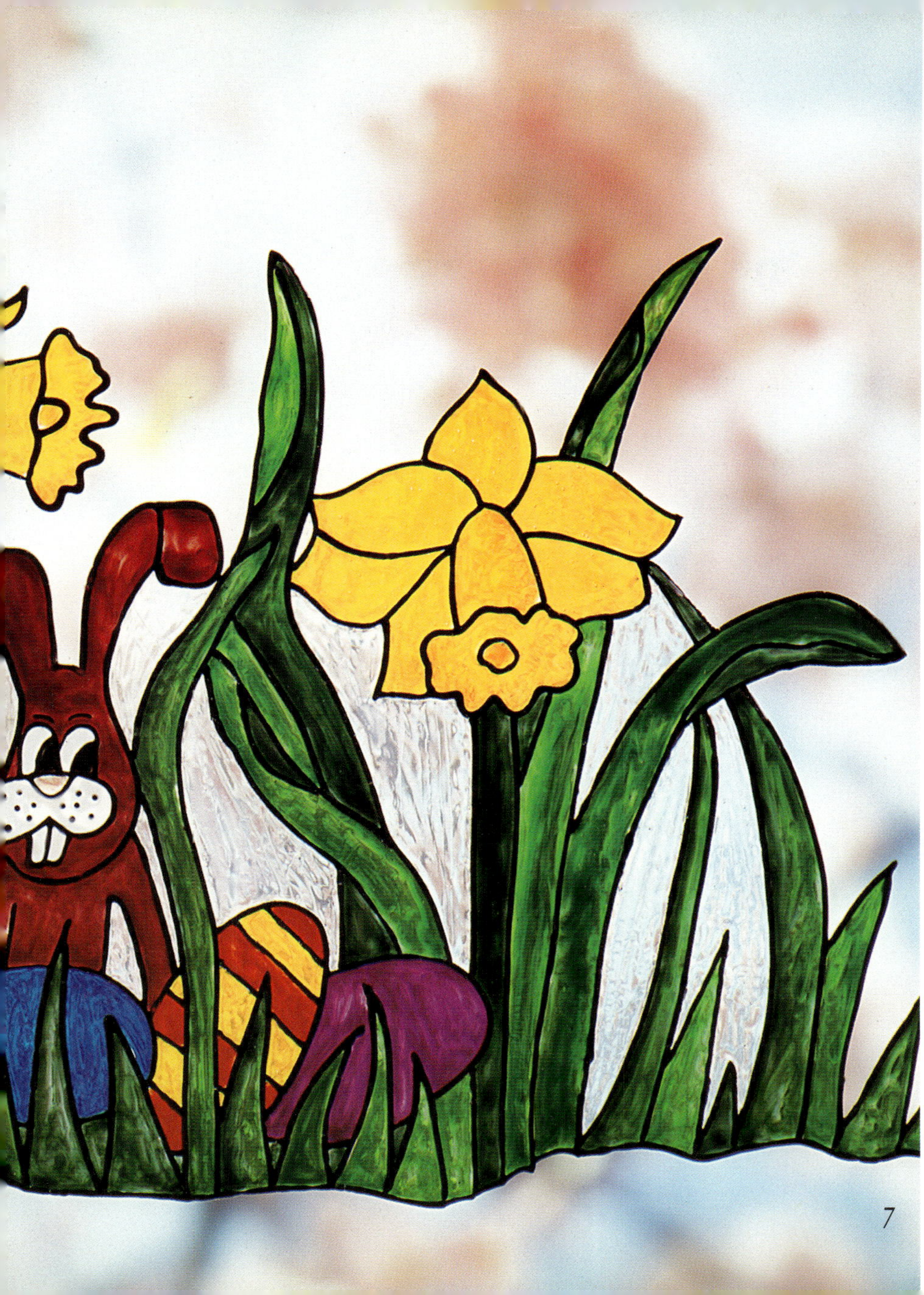

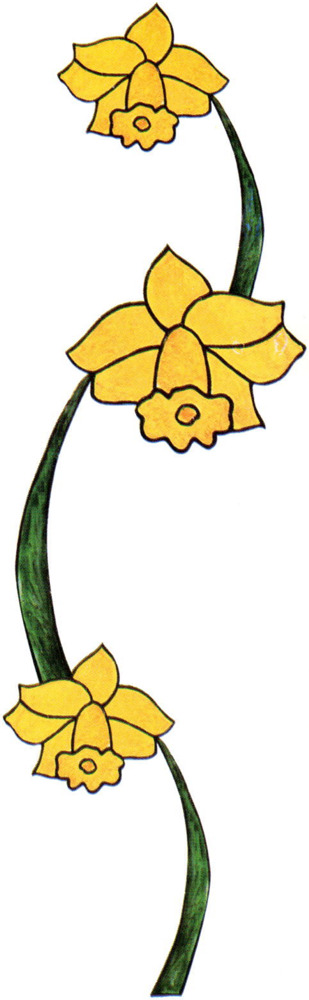

Paradiesvogel

Material

- **Kontur:** Schwarz
- **Farben:** Maigrün, Goldgelb, Royalblau, Signalrot, Rehbraun, Schwarz, Schneeweiß

Vorlage B

Anleitung Seite 10

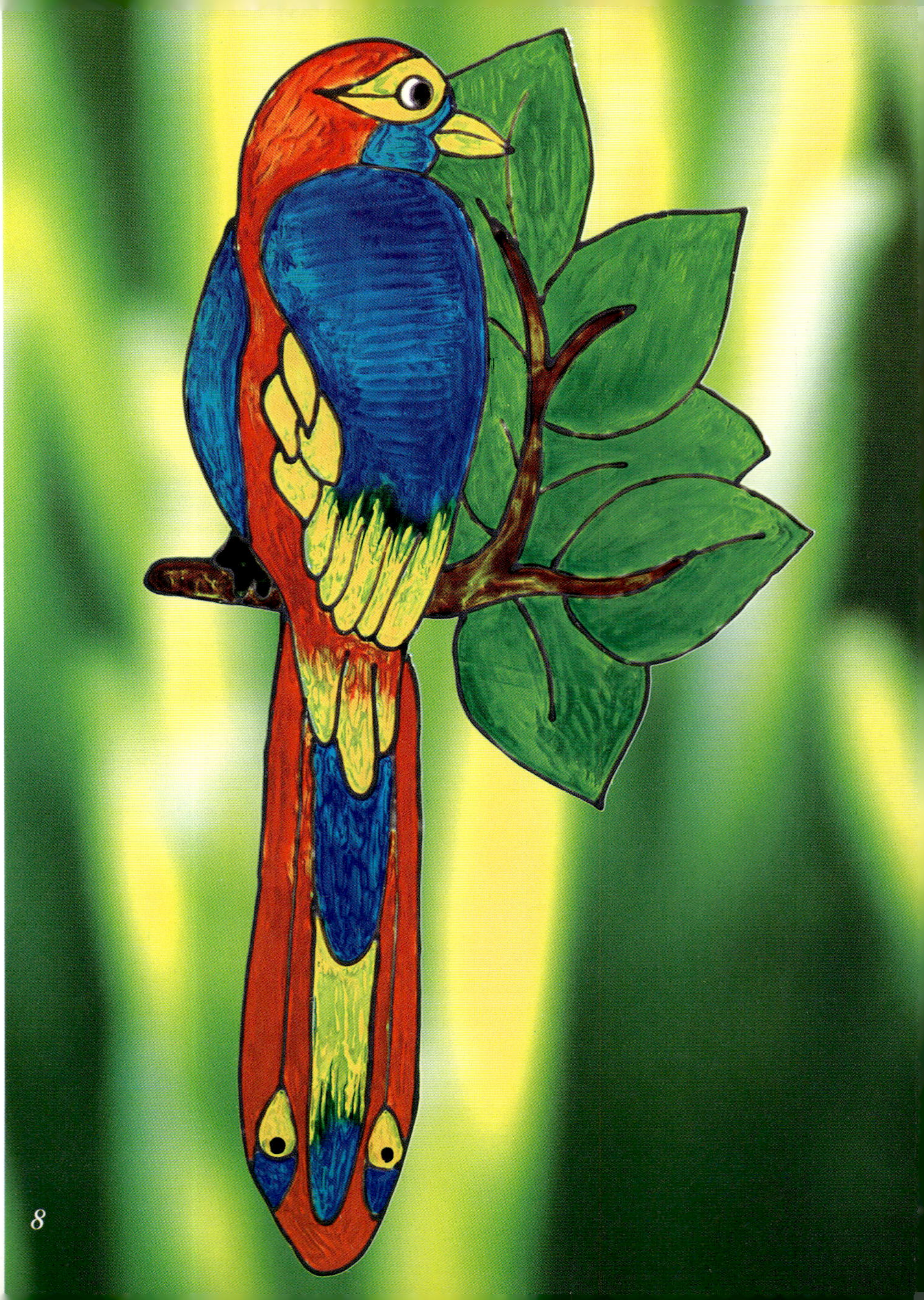

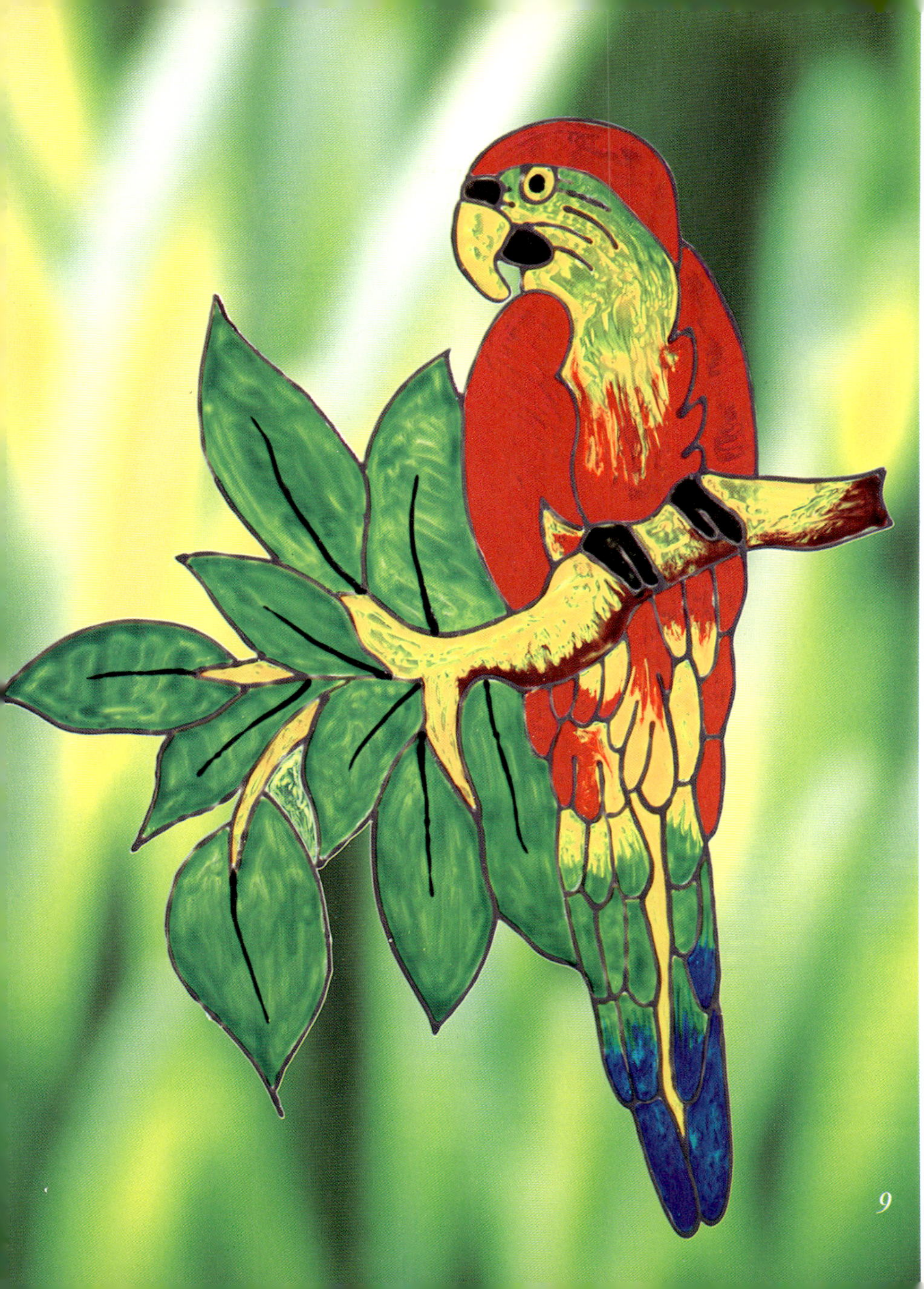

Papagei

Material

- **Kontur:** Schwarz

- **Farben:** Maigrün, Goldgelb, Bernstein, Rehbraun, Royalblau, Signalrot, Schwarz

Vorlage C

Anleitung Seite 10

So geht's

Enten

Material
- **Kontur:** Gold, Schwarz
- **Farben:** Olivgrün, Maigrün, Moosgrün, Royalblau, Bernstein, Rehbraun, Schneeweiß, Kristallklar

Vorlage D

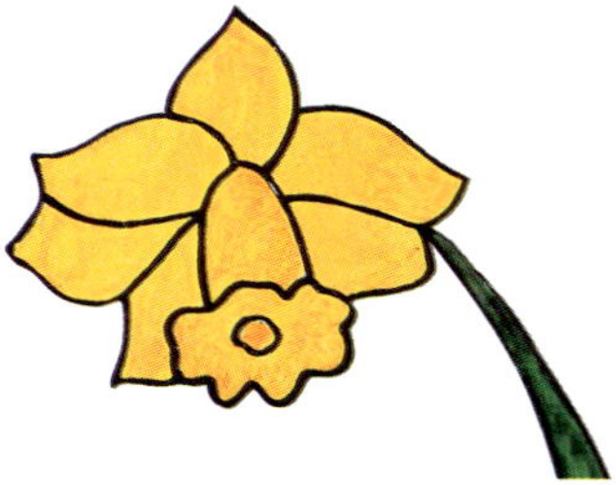

Osterzeit

Abbildung Seite 6/7
Eine halbe Flasche Maigrün mit etwas Moosgrün vermischen. Mit den drei Grüntönen die Blätter gestalten. Farbübergänge mit einem Holzstäbchen ineinanderstreichen. Alle Zwischenräume mit Kristallklar ausfüllen.

Papagei & Paradiesvogel

Abbildung Seite 8/9
Farbübergänge mit einem Holzstäbchen ineinanderziehen. Dabei das Stäbchen nach jedem Einsatz reinigen.

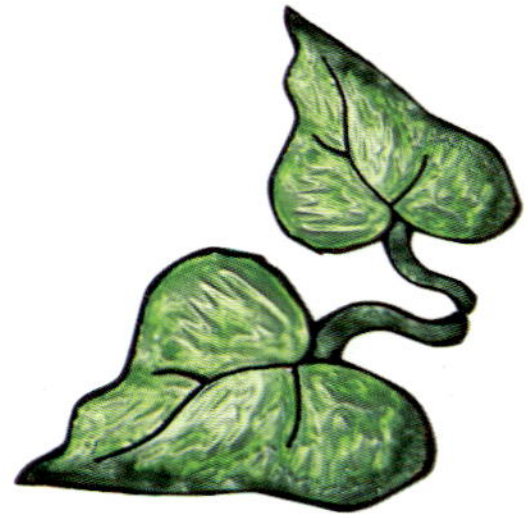

Efeu

Abbildung Seite 12/13
Die Blätter mit den zwei Grüntönen schattieren. Zur besseren Stabilität des Motivs alle Zwischenräume mit Kristallklar ausfüllen. Durch Verlängern oder Kürzen des Randmotivs kann das Bild jeder Fenstergröße angepaßt werden.

Enten

Abbildung Seite 11
Die Augen der Enten mit schwarzer Konturenfarbe malen. Die Blätter mit den drei Grüntönen schattieren. Am Bauch der großen Ente etwas Royalblau in das Weiß einrühren. Zur besseren Stabilität des Motivs alle Zwischenräume mit Kristallklar ausfüllen.

Siehe auch Grundanleitung Seite 4!

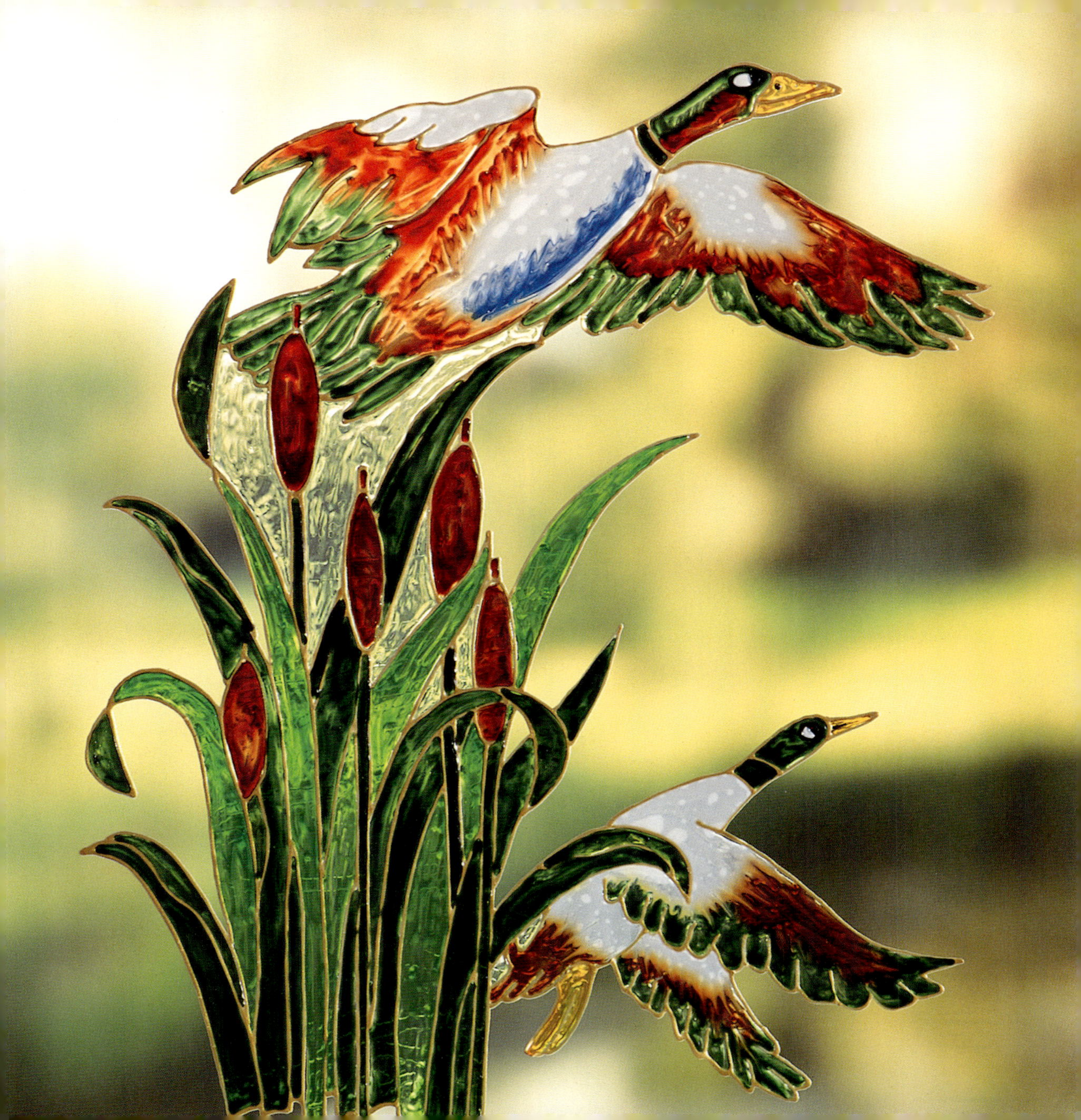

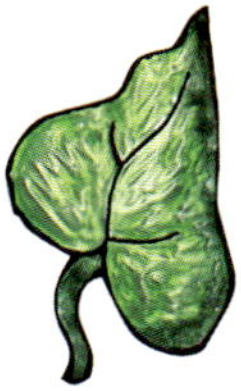

Efeu

Material

- **Kontur:** **Schwarz**
- **Farben:** **Maigrün, Moosgrün, Royalblau, Kristallklar**

Vorlage E

Anleitung Seite 10

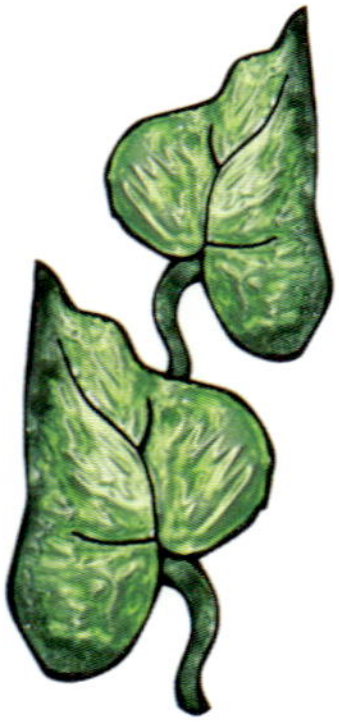

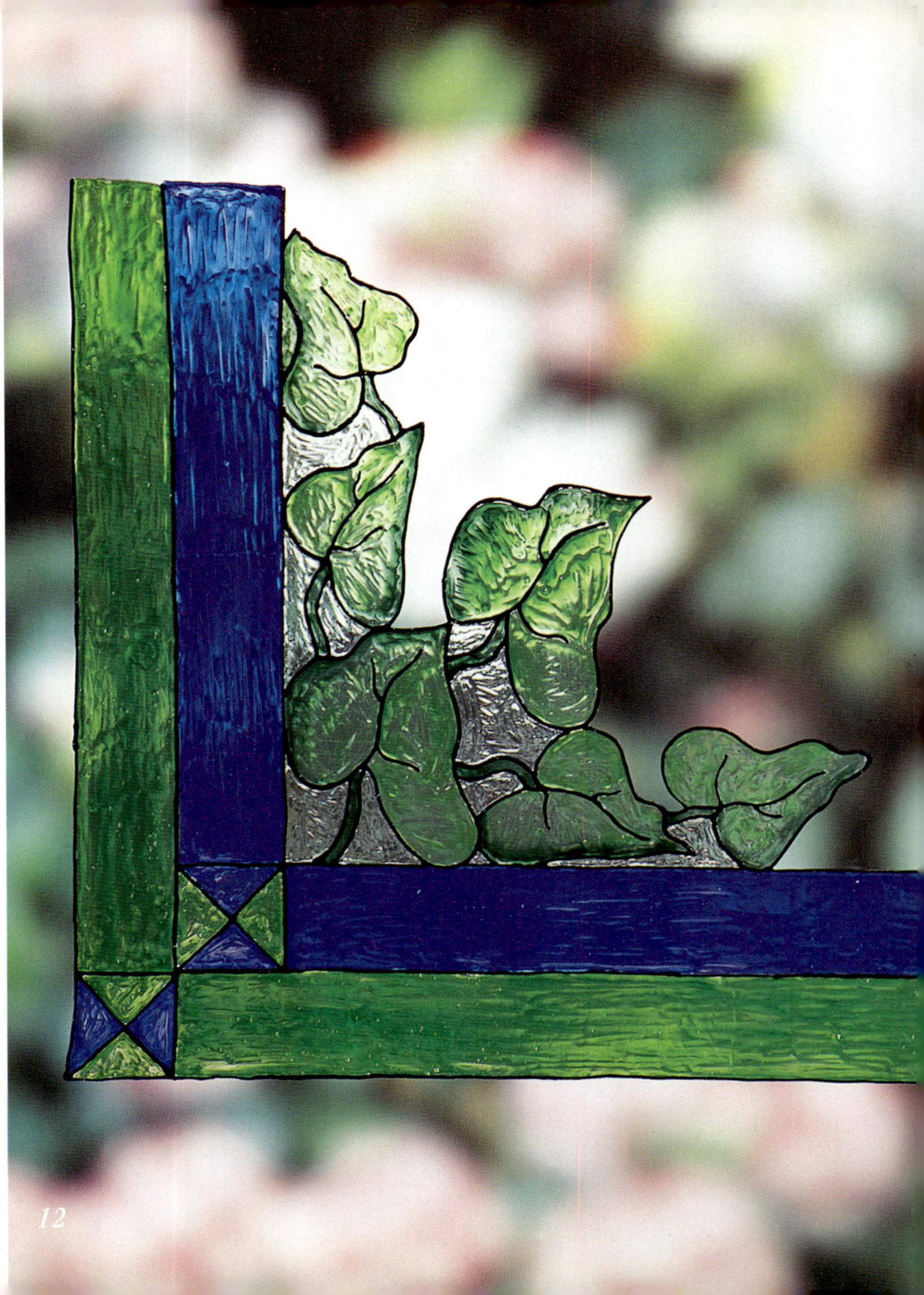

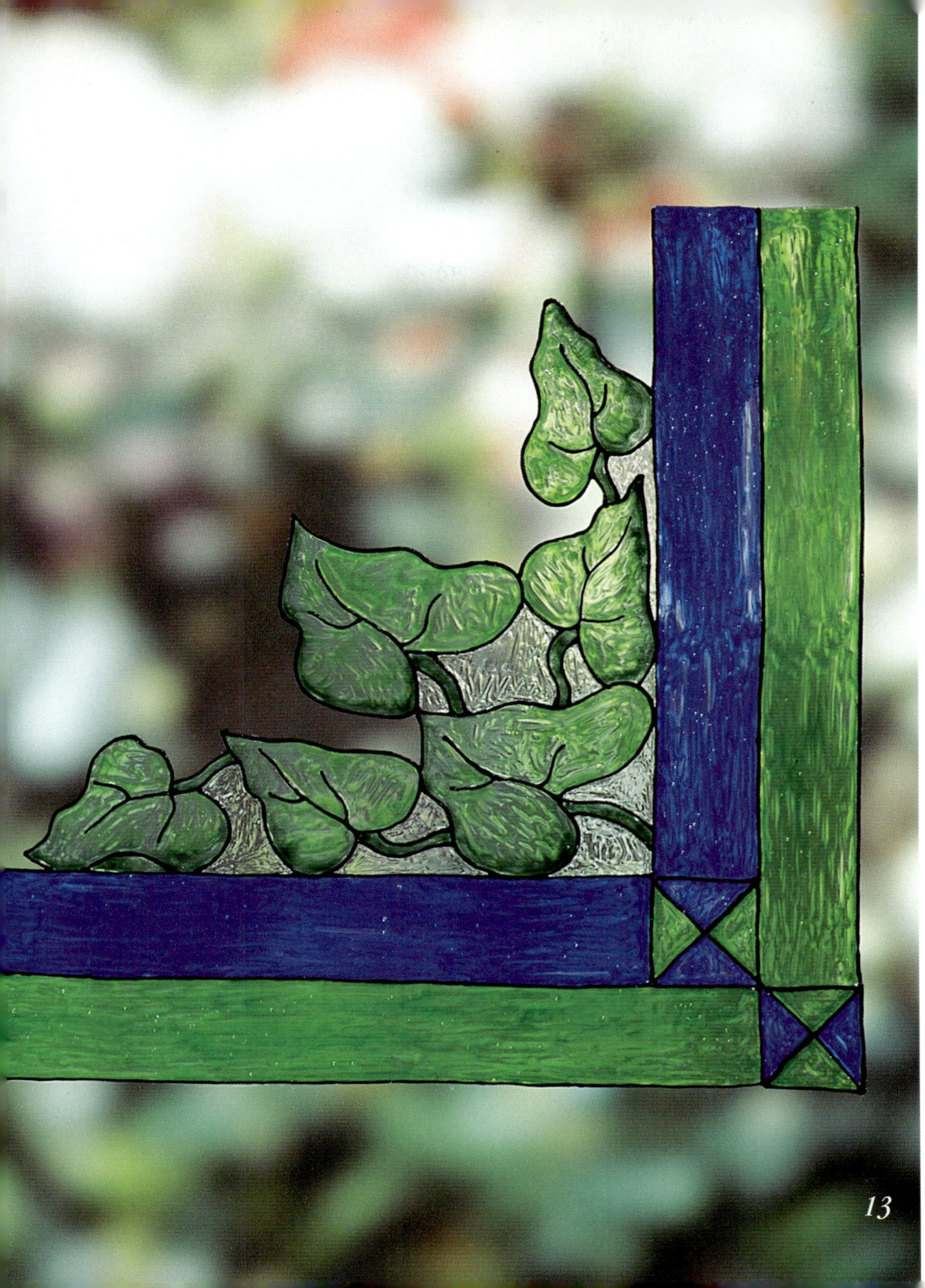
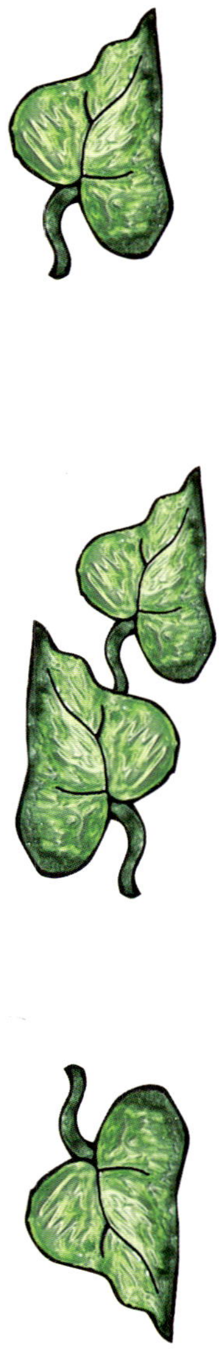

Glockenblumen

Material
- Kontur: Bleifarbig
- Farben: Moosgrün, Goldgelb, Jeansblau, Schneeweiß, Kristallklar

Vorlage F

Anleitung Seite 20

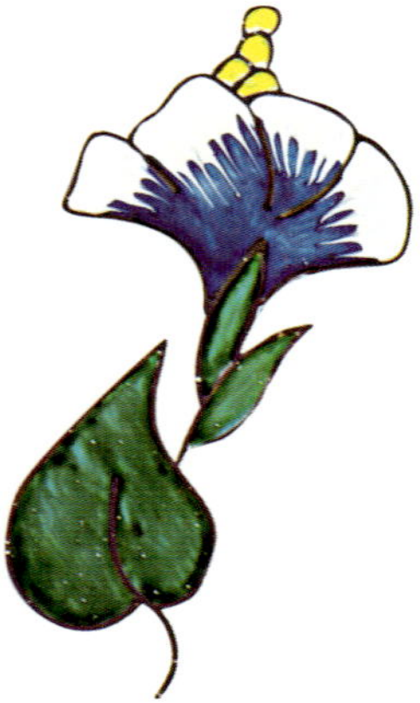

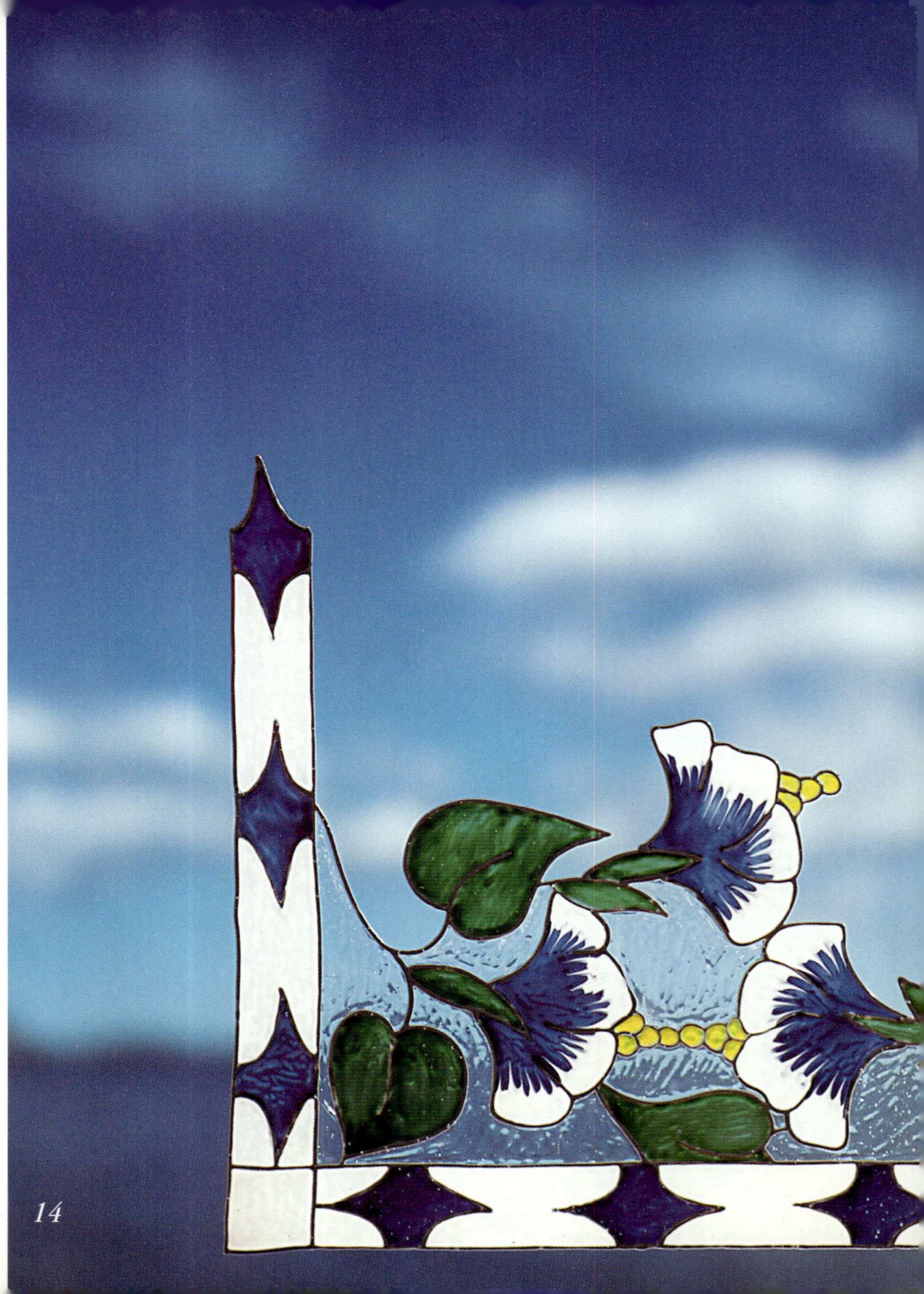

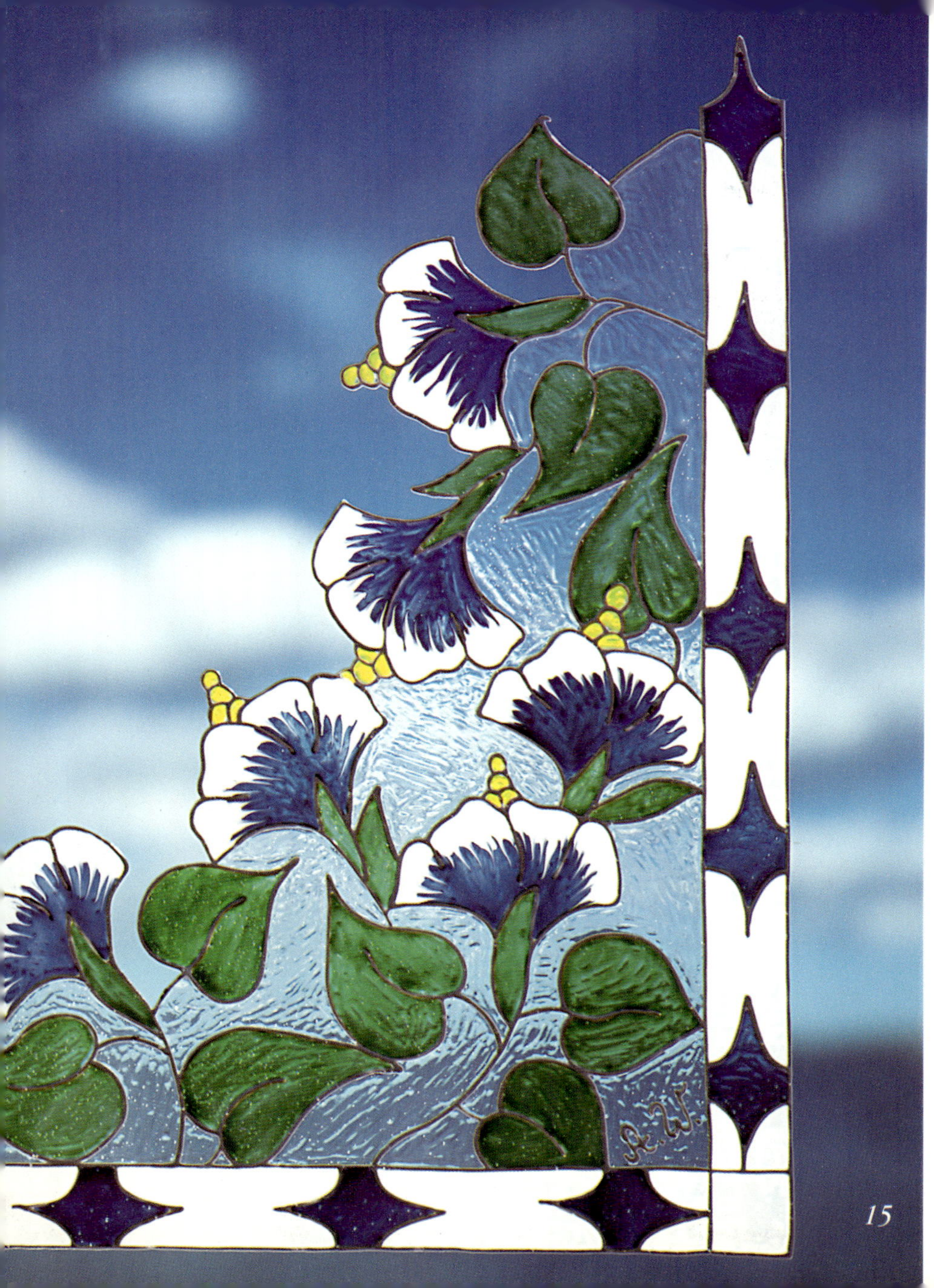

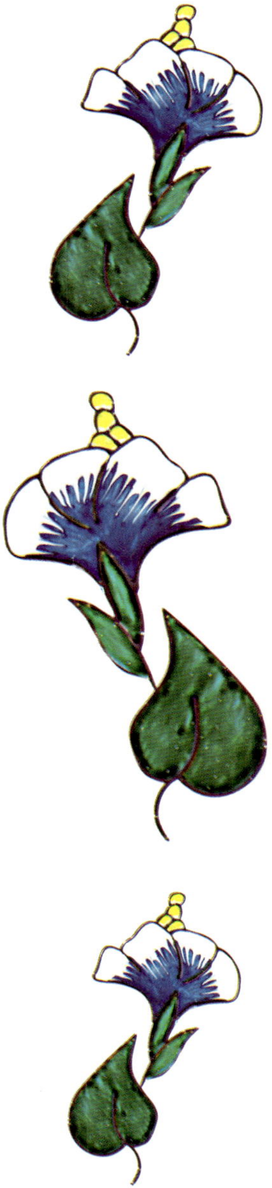

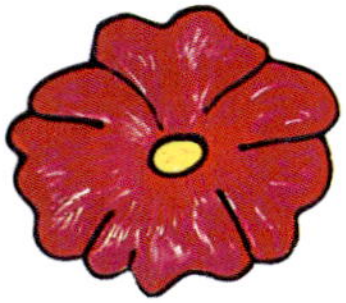

Blütenranke

Material

- **Kontur:** **Bleifarbig**
- **Farben:** **Maigrün, Moosgrün, Goldgelb, Rubinrot, Magenta, Kristallklar**

Vorlagen

G1 und G2

Anleitung Seite 20

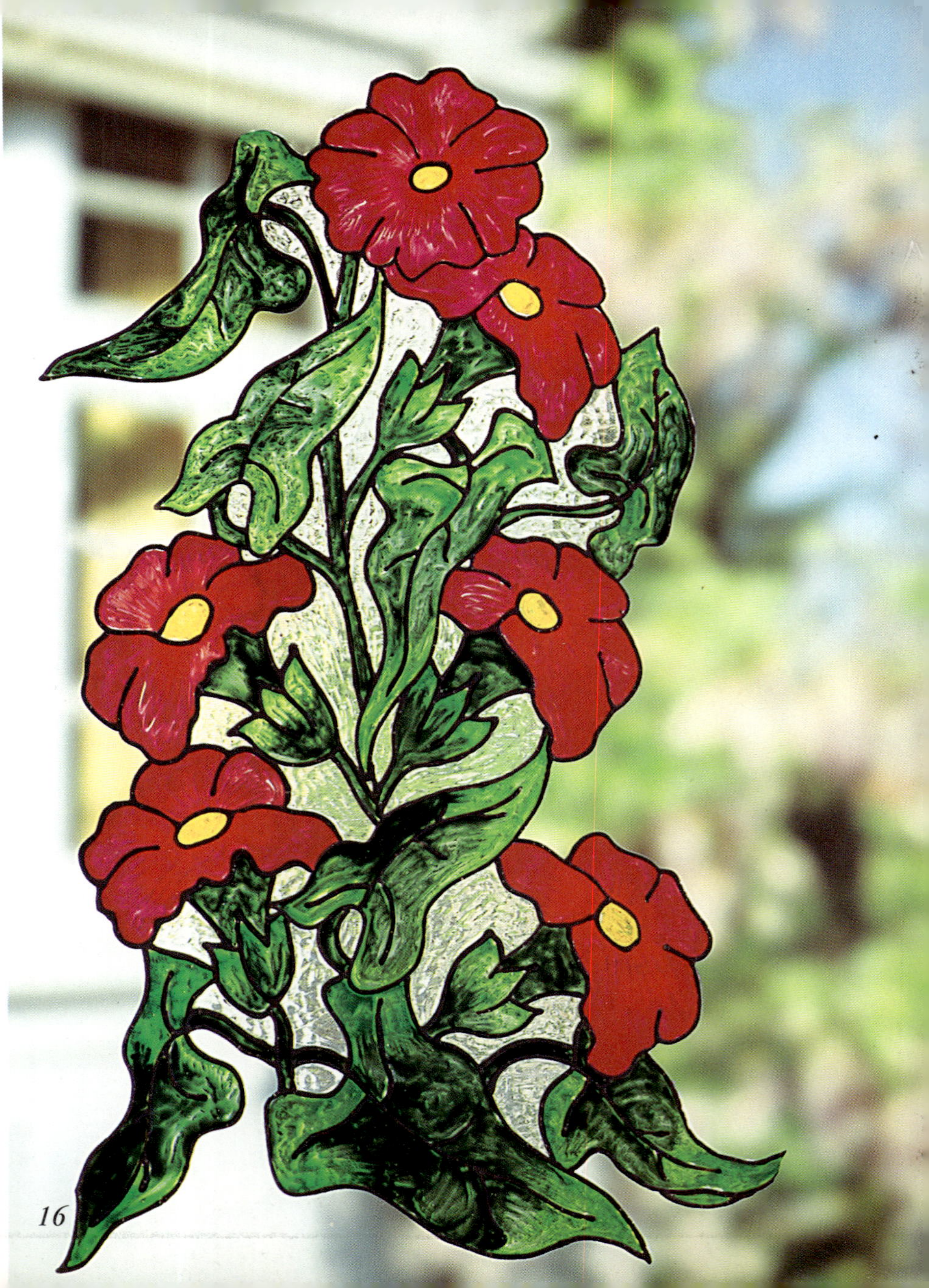

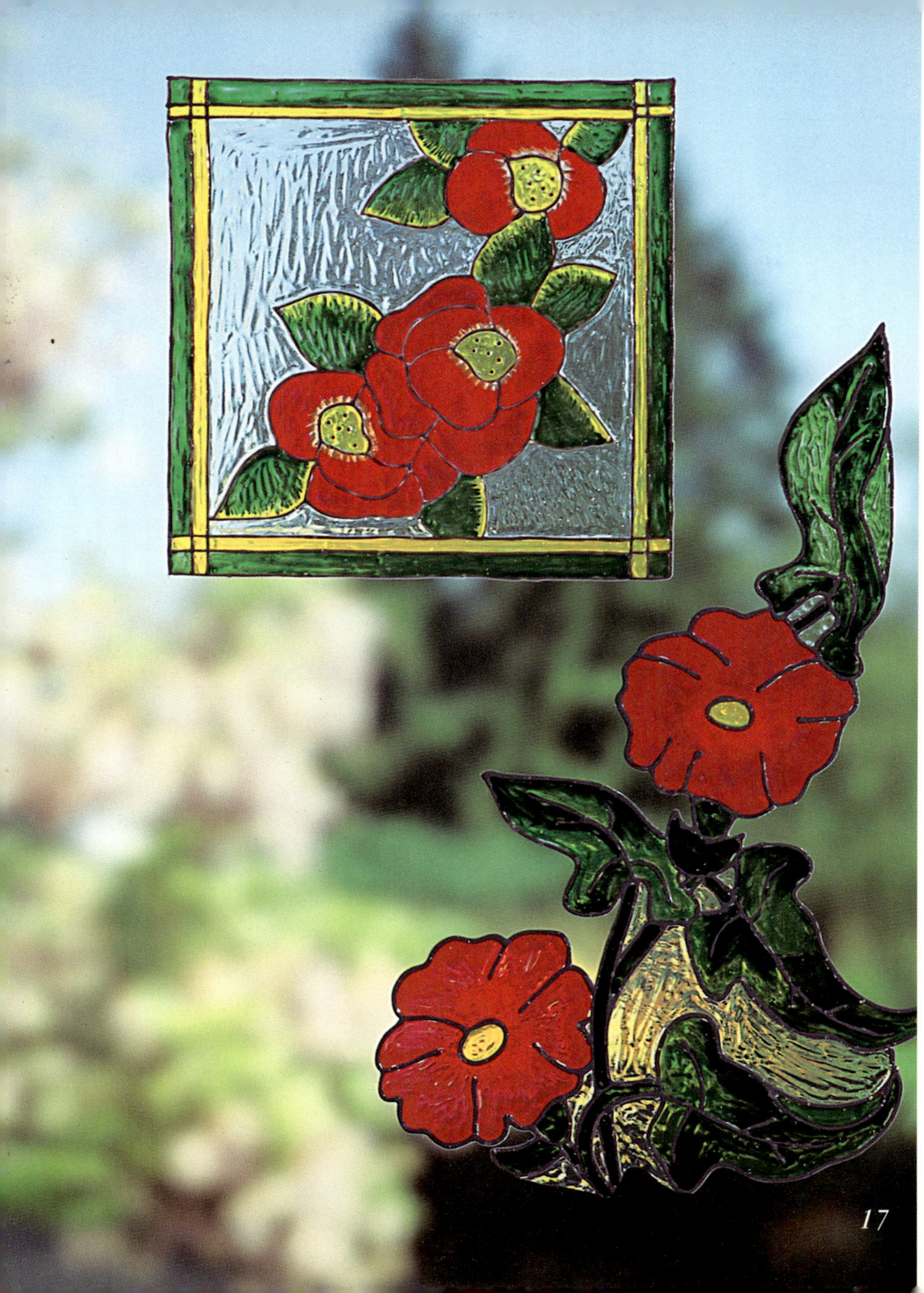

Rosen

Material

- **Kontur:** **Bleifarbig**
- **Farben:** **Moosgrün, Goldgelb, Rubinrot, Koralle, Kristallklar**

Vorlage H

Anleitung Seite 20

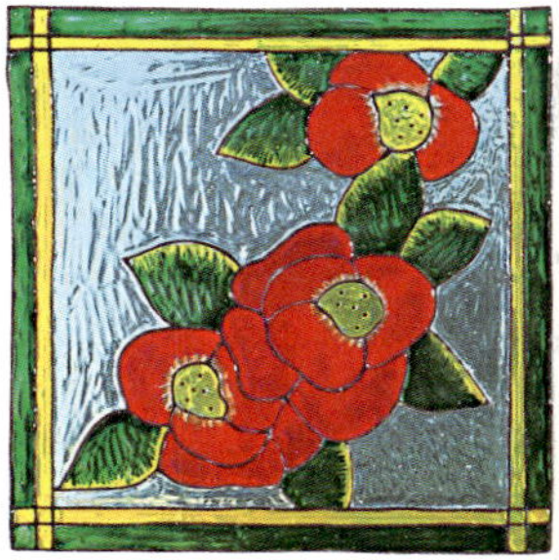

Große Erdbeeren

Material

- **Kontur:** Bleifarbig
- **Farben:** Maigrün, Moosgrün, Rubinrot

Vorlage J

Anleitung Seite 20

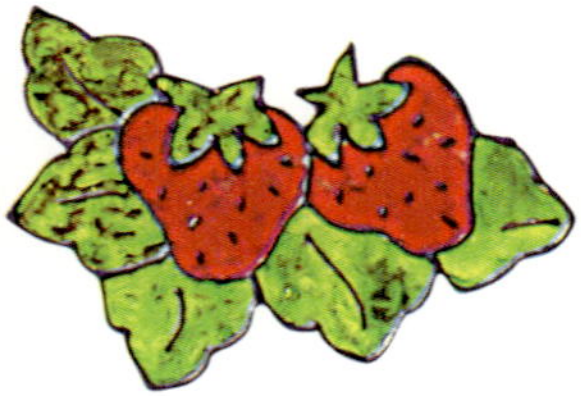

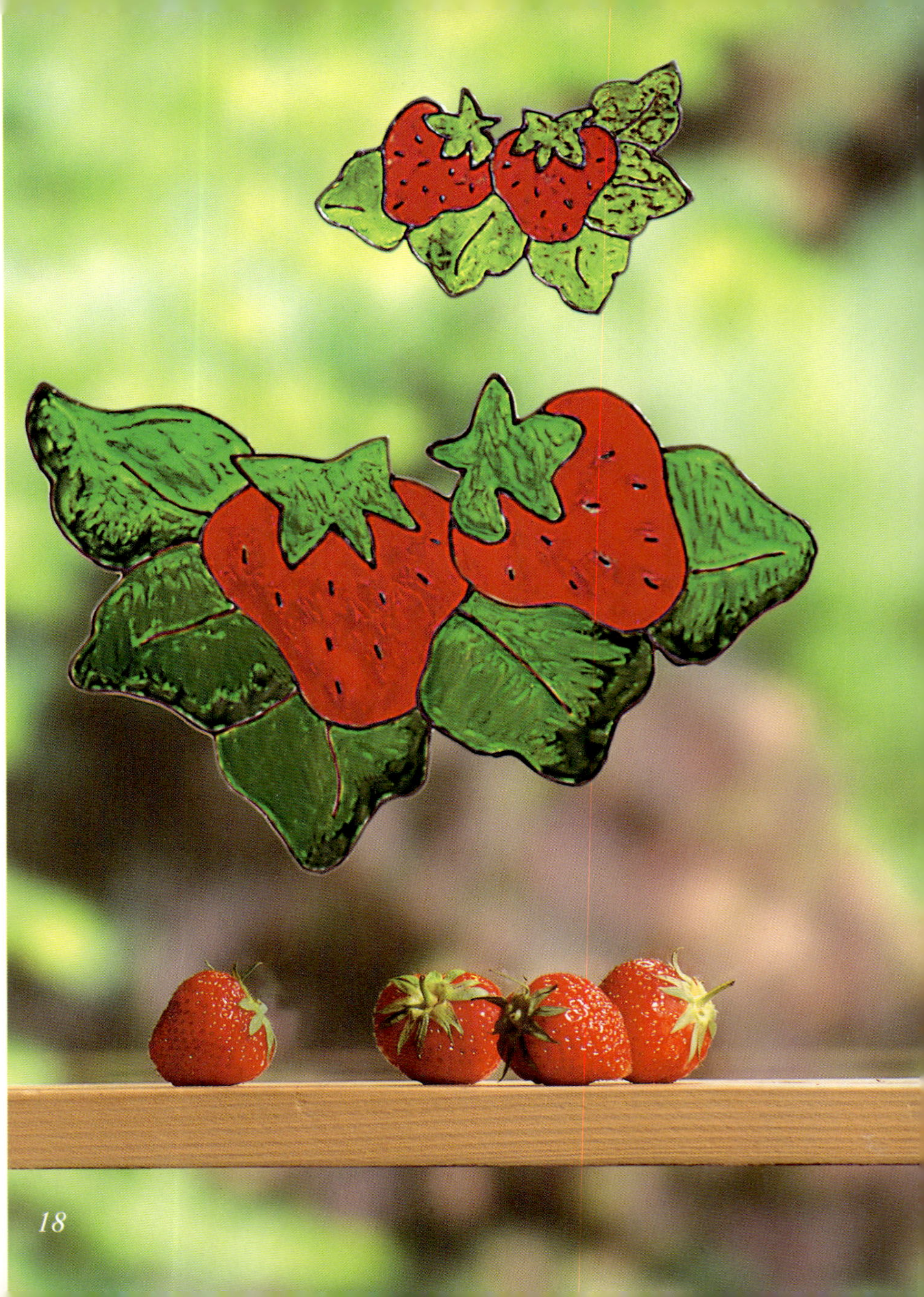

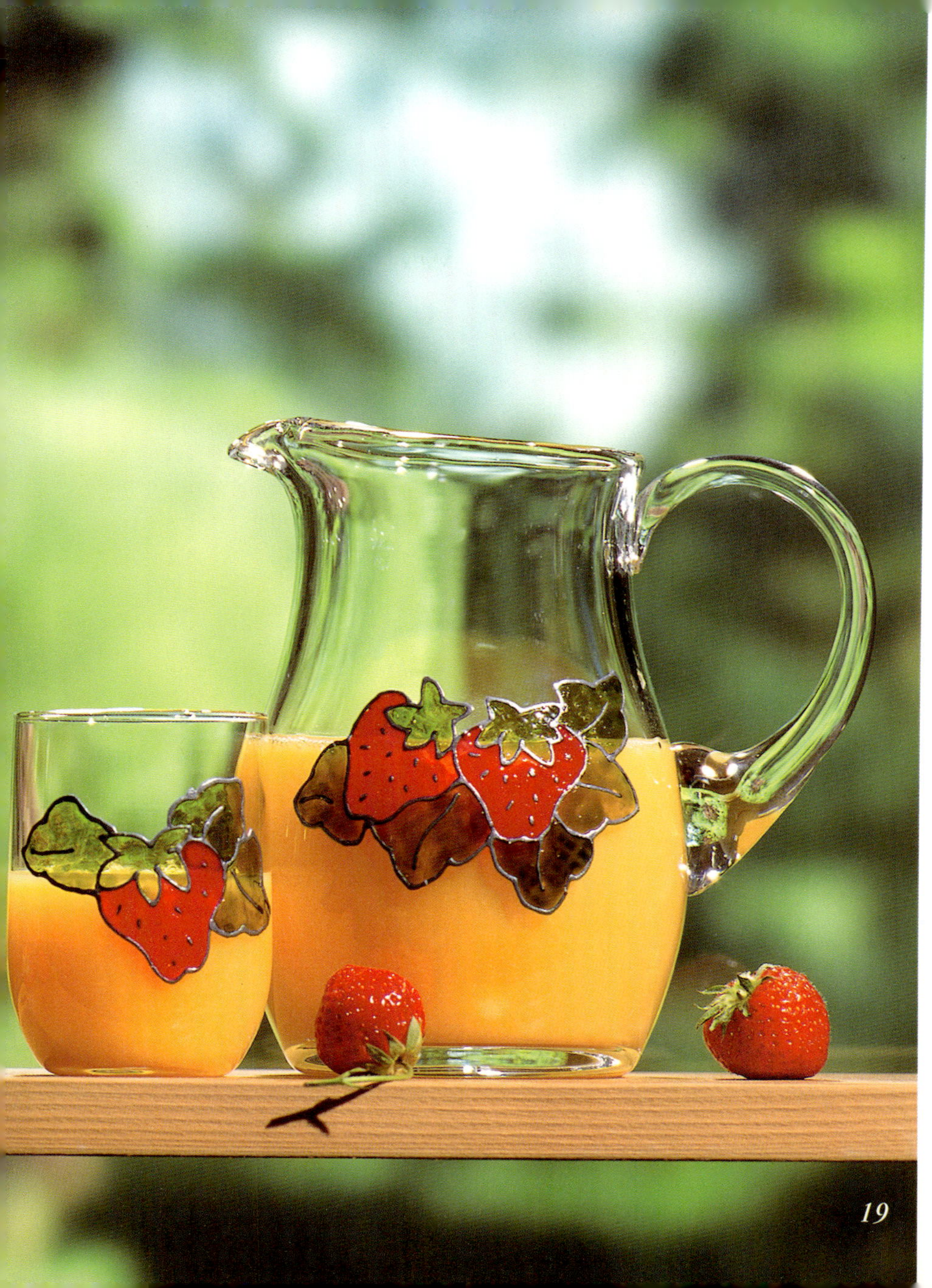

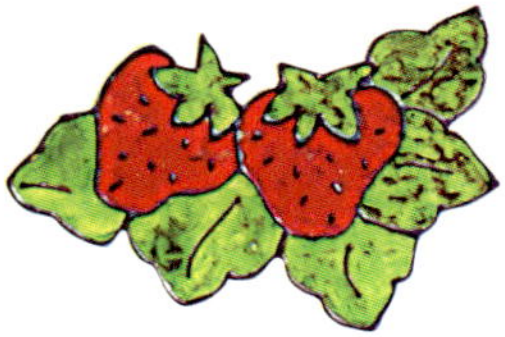

Kleine Erdbeeren

Material

- **Kontur: Bleifarbig**
- **Farben: Maigrün, Moosgrün, Rubinrot**

Vorlage K

Anleitung Seite 20

So geht's

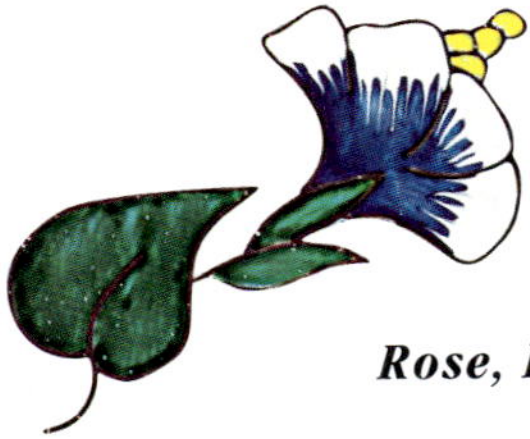

Eisbecher

Material

- **Kontur:** **Bleifarbig**
- **Farben:** **Moosgrün, Goldgelb, Rubinrot, Koralle, Bernstein, Rehbraun, Schneeweiß, Kristallklar**

Vorlage L

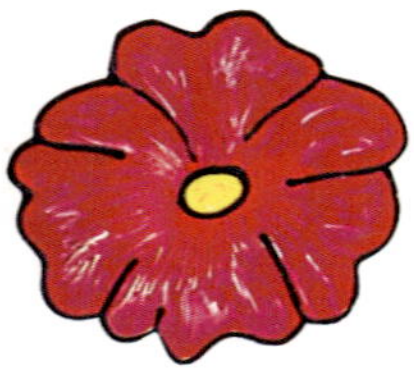

Glockenblumen

Abbildung Seite 14/15
Am oberen Rand der Blüten Schneeweiß auftragen, den Rest der Fläche mit Jeansblau ausfüllen. Das Weiß mit einem Holzstäbchen in das Blau ziehen, jedesmal das Stäbchen reinigen. Alle Zwischenräume mit Kristallklar ausfüllen. Durch Verlängern oder Kürzen des Randmotivs kann das Bild jeder Fenstergröße angepaßt werden.

Blütenranke

Abbildung Seite 16/17
Mit den zwei Grüntönen die Blätter ausmalen. Farbübergänge mit einem Holzstäbchen ineinanderziehen. Blüteninneres mit Magenta, den Rest mit Rubinrot ausfüllen, das Magenta ins Rot ziehen. Zwischenräume mit Kristallklar ausfüllen.

Rose, Eisbecher, Pilz, Obst

Abbildung Seite 17, 21, 22, 23
Farbübergänge mit einem Holzstäbchen ineinanderziehen. Die Zwischenräume mit Kristallklar ausfüllen. Diese Motive können in den vier Fensterecken angebracht oder wie eine Bordüre aneinander gesetzt werden.

Erdbeeren

Abbildung Seite 18/19
Moosgrün am Blattrand auftragen, Maigrün dazugeben und Farbübergänge mit dem Holzstäbchen ineinandermischen.

Siehe auch Grundanleitung Seite 4!

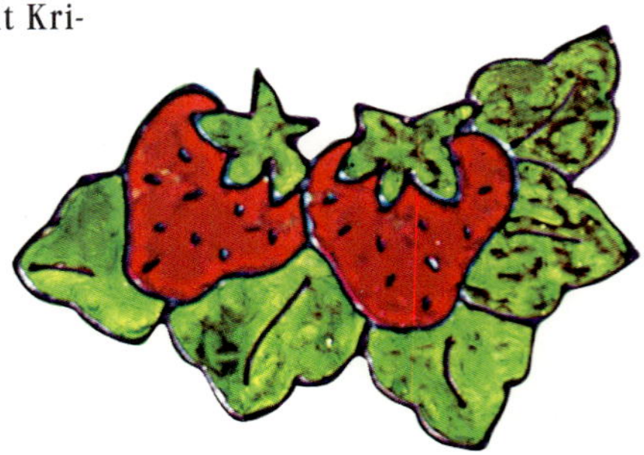

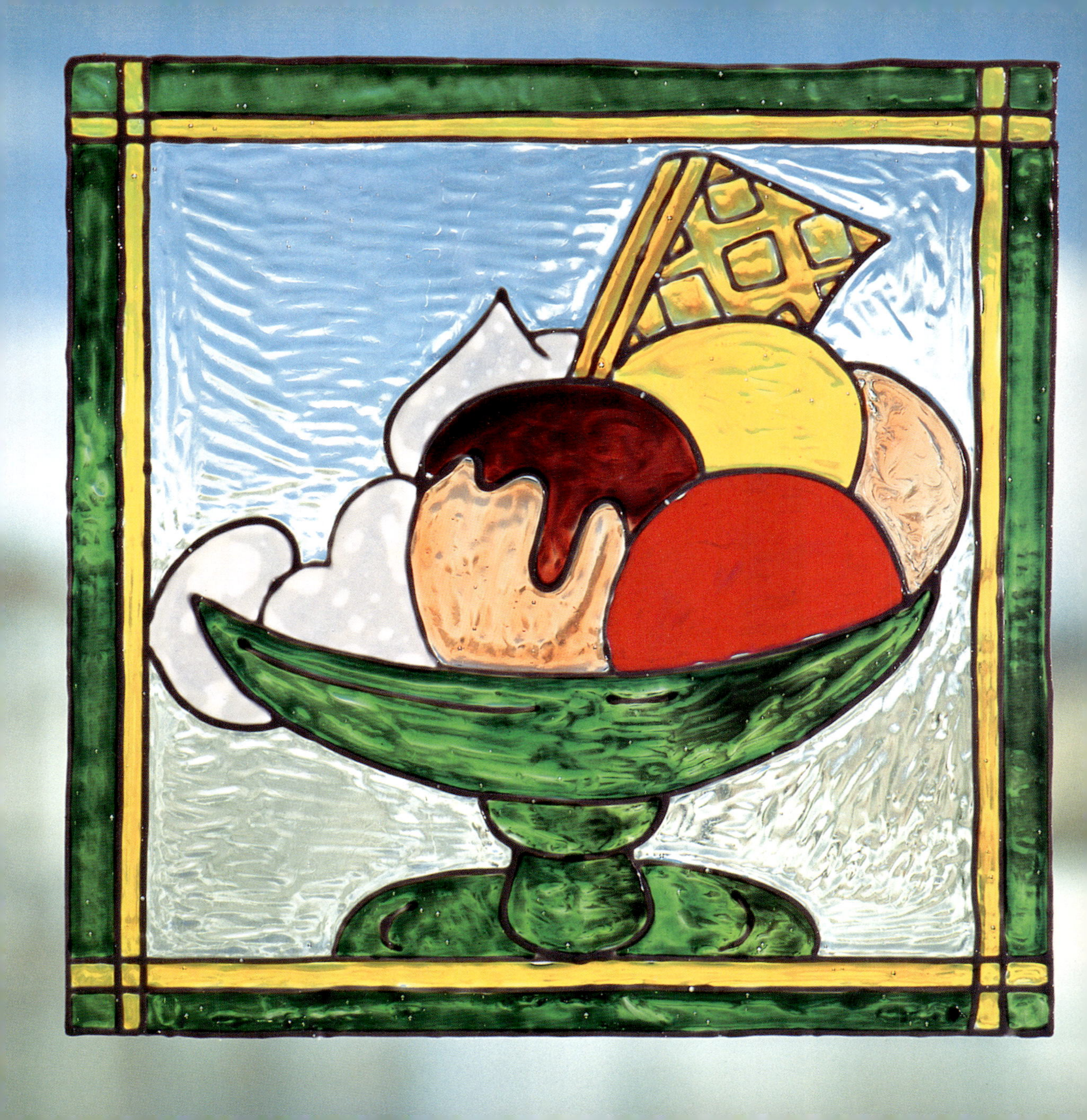

Pilz

Material

- **Kontur:** **Bleifarbig**
- **Farben:** **Moosgrün, Goldgelb, Bernstein, Rehbraun, Kristallklar**

Vorlage M

Anleitung Seite 20

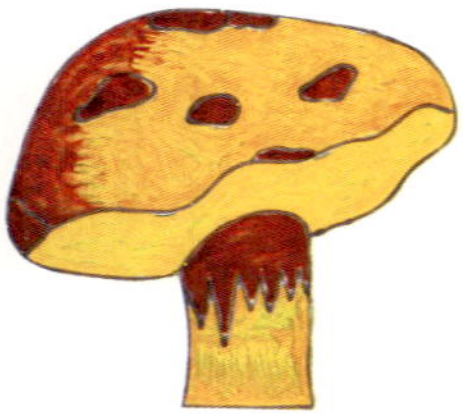

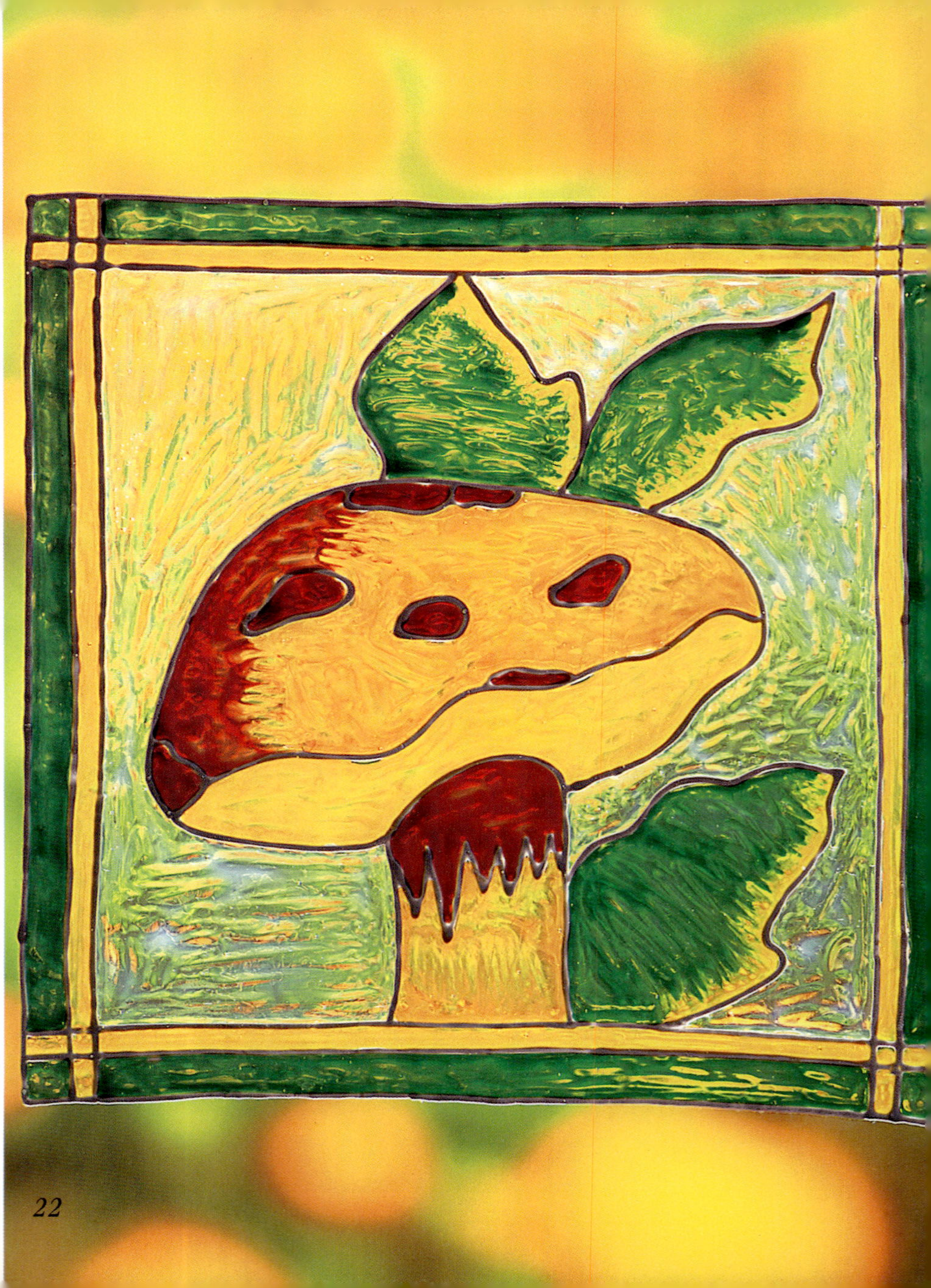

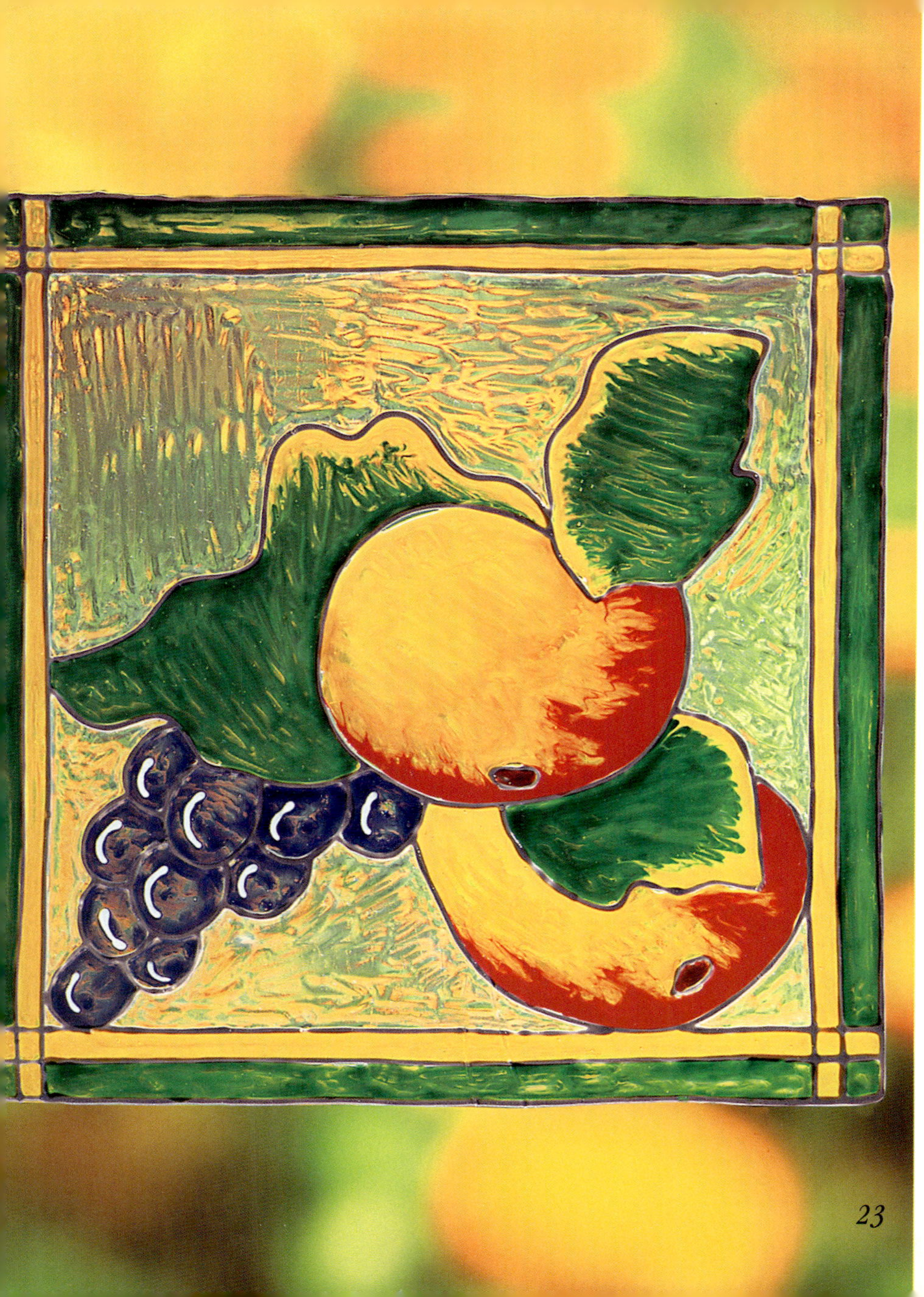

Obst

Material

- **Kontur:** **Bleifarbig**

- **Farben:** **Moosgrün, Goldgelb, Jeansblau, Rubinrot, Schneeweiß, Kristallklar**

Vorlage N

Anleitung Seite 20

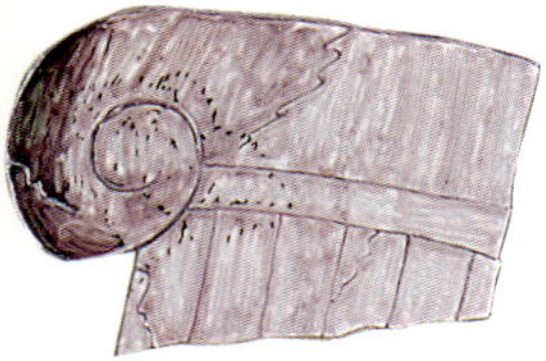

Tessaloniki

Material

- **Kontur:** **Silber**
- **Farben:** **Moosgrün, Maigrün, Magenta, Glitzer-Violett, Schwarz, Kristallklar**

Vorlage 0

Anleitung Seite 30

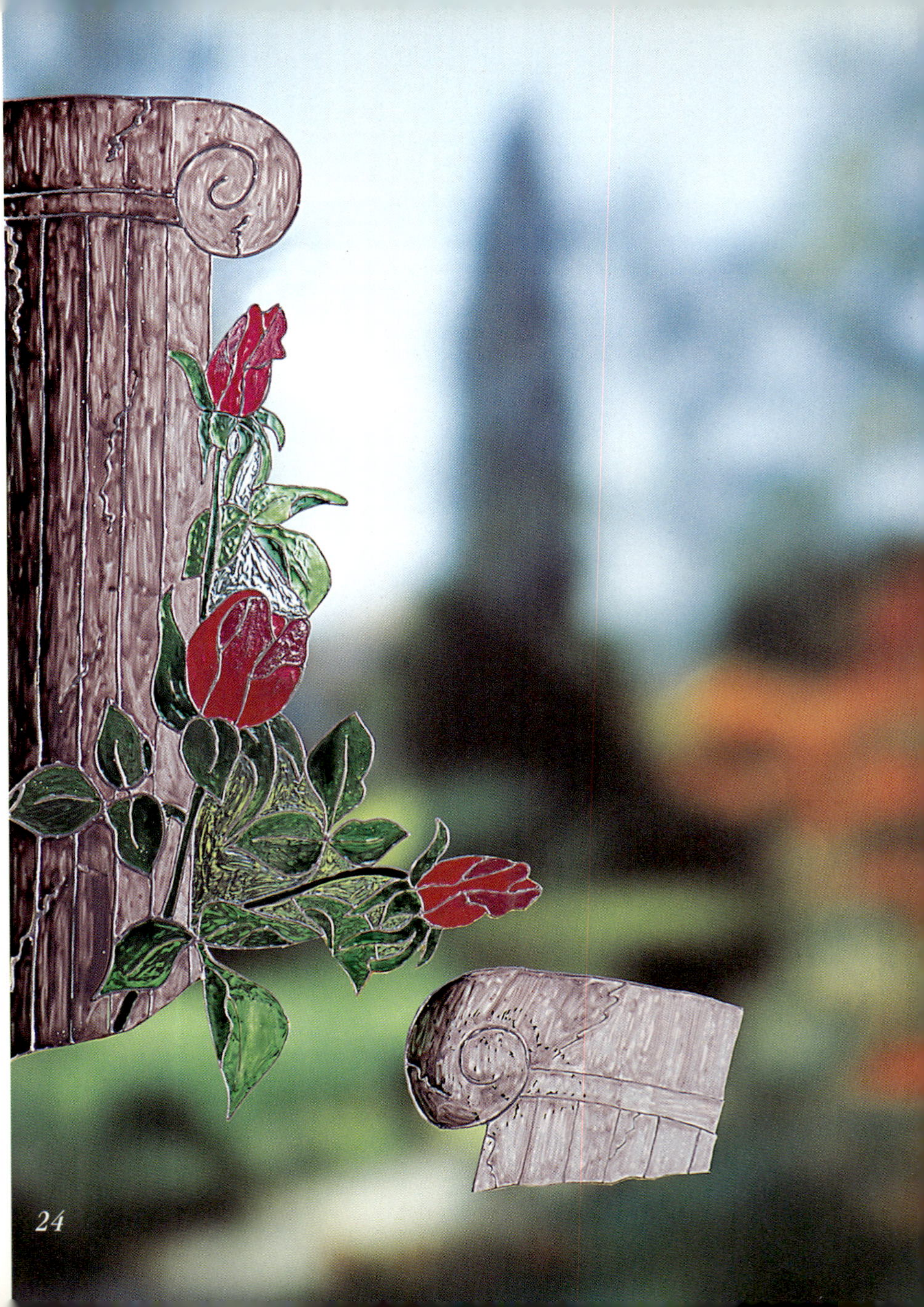

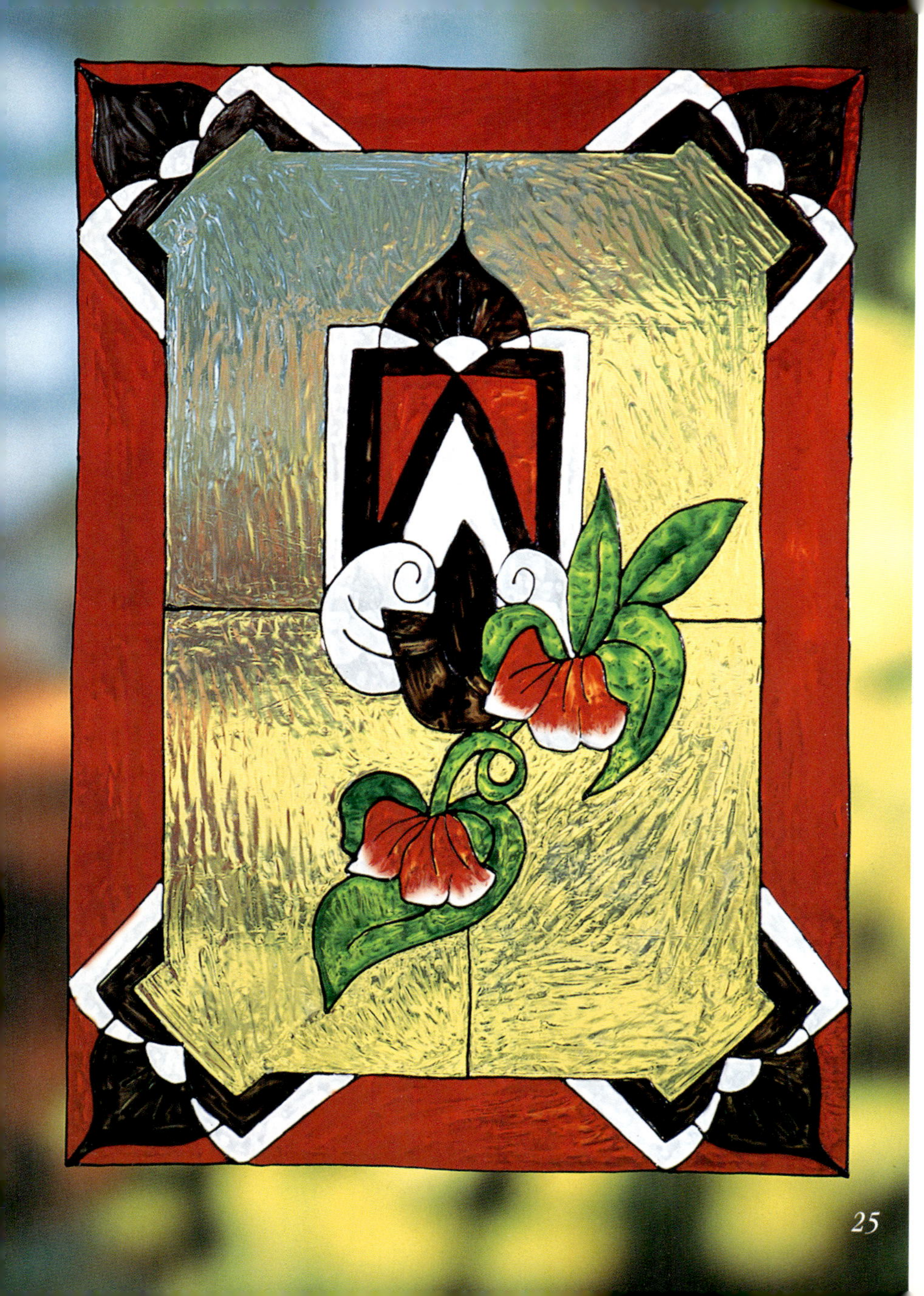

Jugendstil

Material

- **Kontur:**
  Schwarz

- **Farben:**
  Maigrün,
  Signalrot,
  Schneeweiß,
  Schwarz,
  Kristallklar

Vorlage P

Anleitung Seite 30

Moskau

Material

- **Kontur:** **Gold**
- **Farben:** **Moosgrün, Bernstein, Rehbraun, Magenta, Royalblau, Kristallklar**

Vorlage Q

Anleitung Seite 30

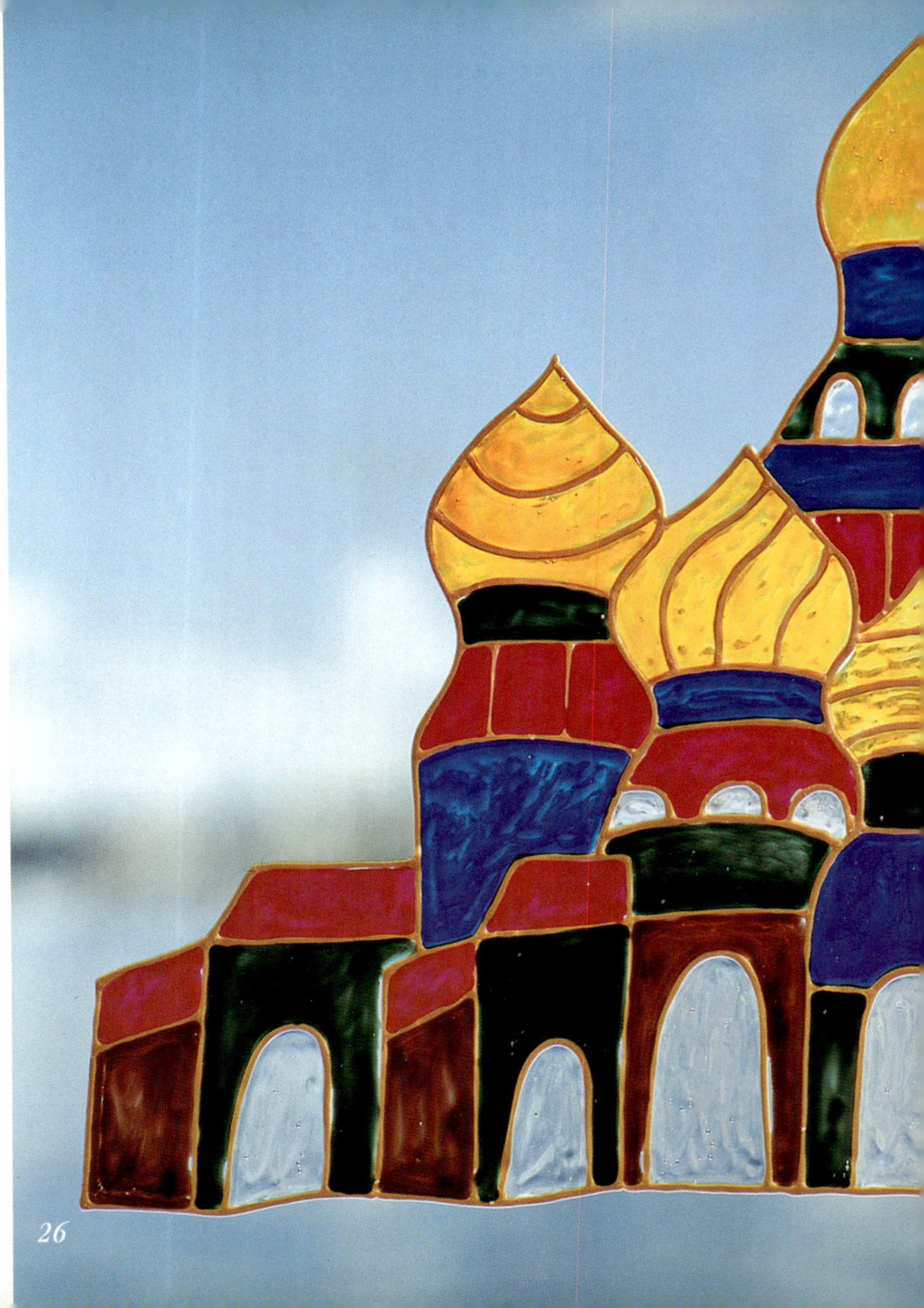

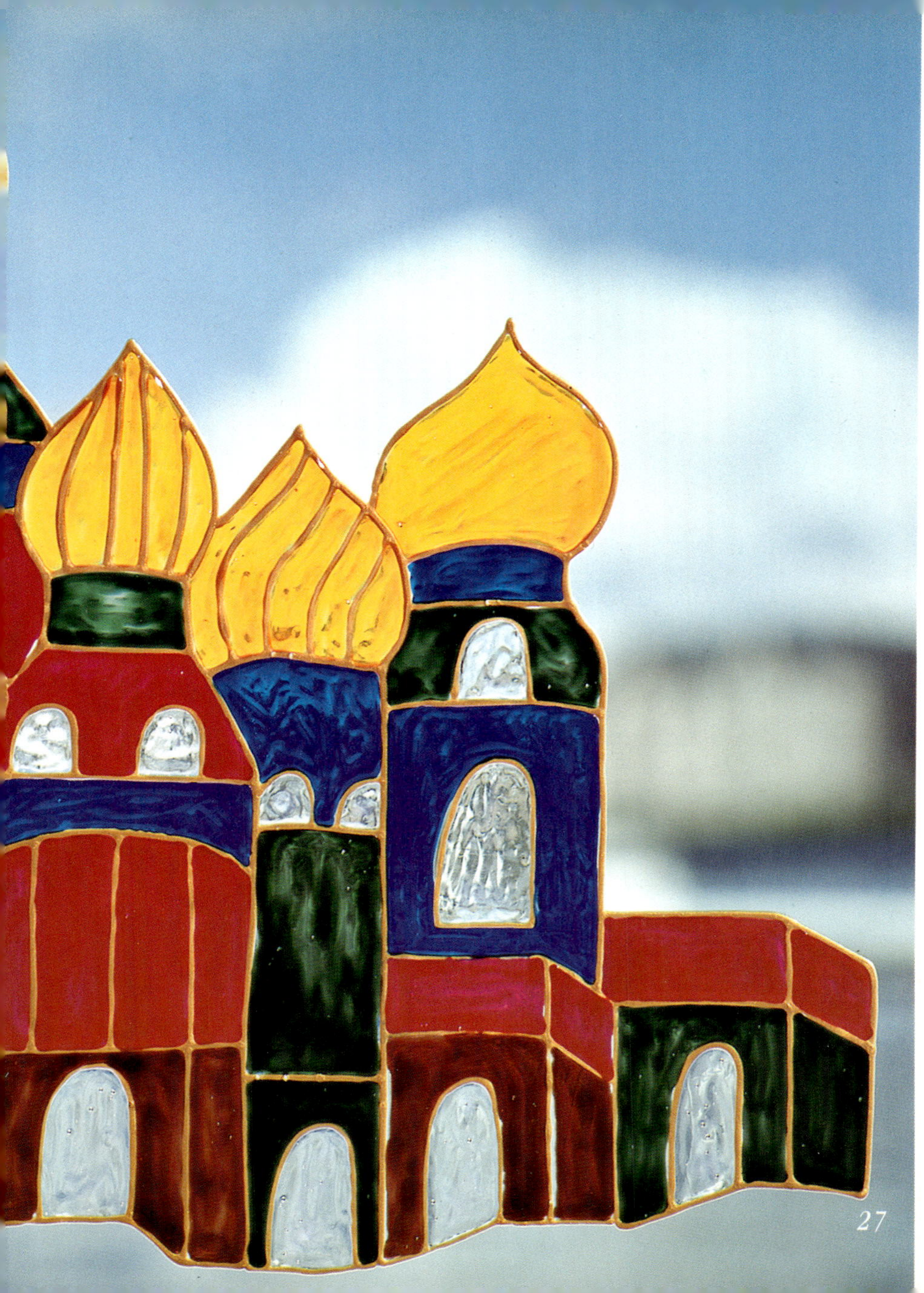

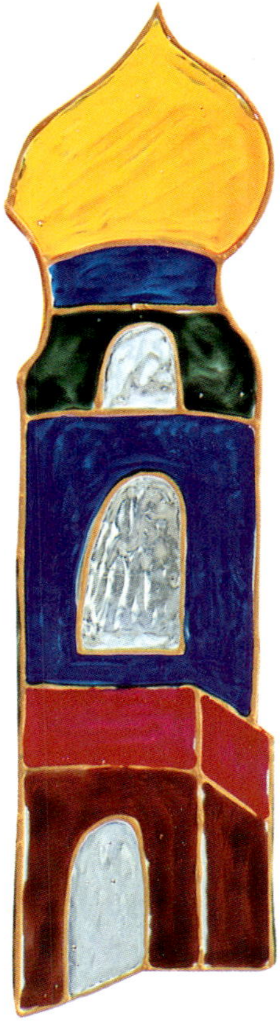

Weihnachtsstern

Material

- **Kontur:** Gold
- **Farben:** Glitzer-Rot, Glitzer-Grün, Goldgelb
- **Glimmer:** Gold

Vorlage R

Anleitung Seite 30

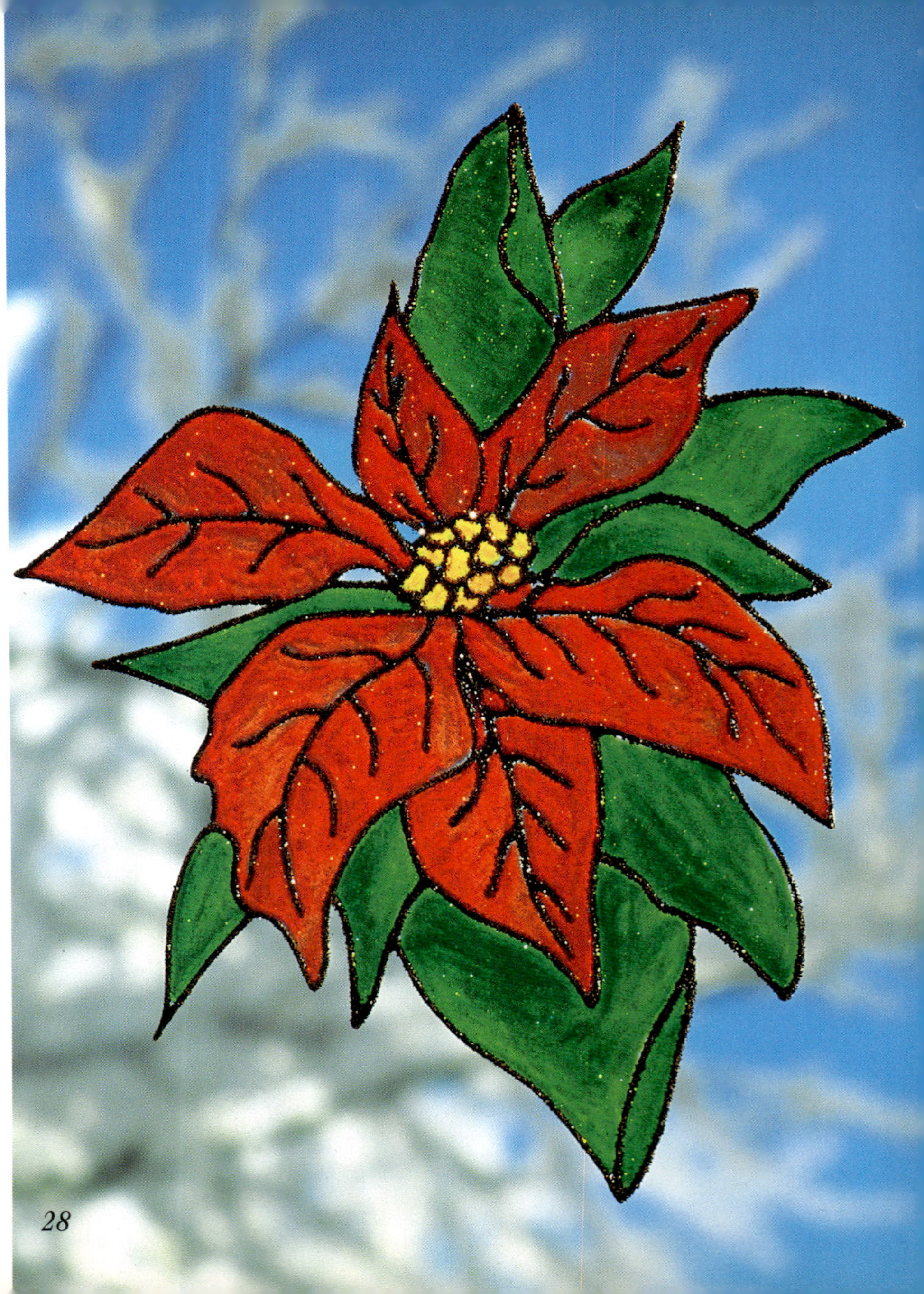

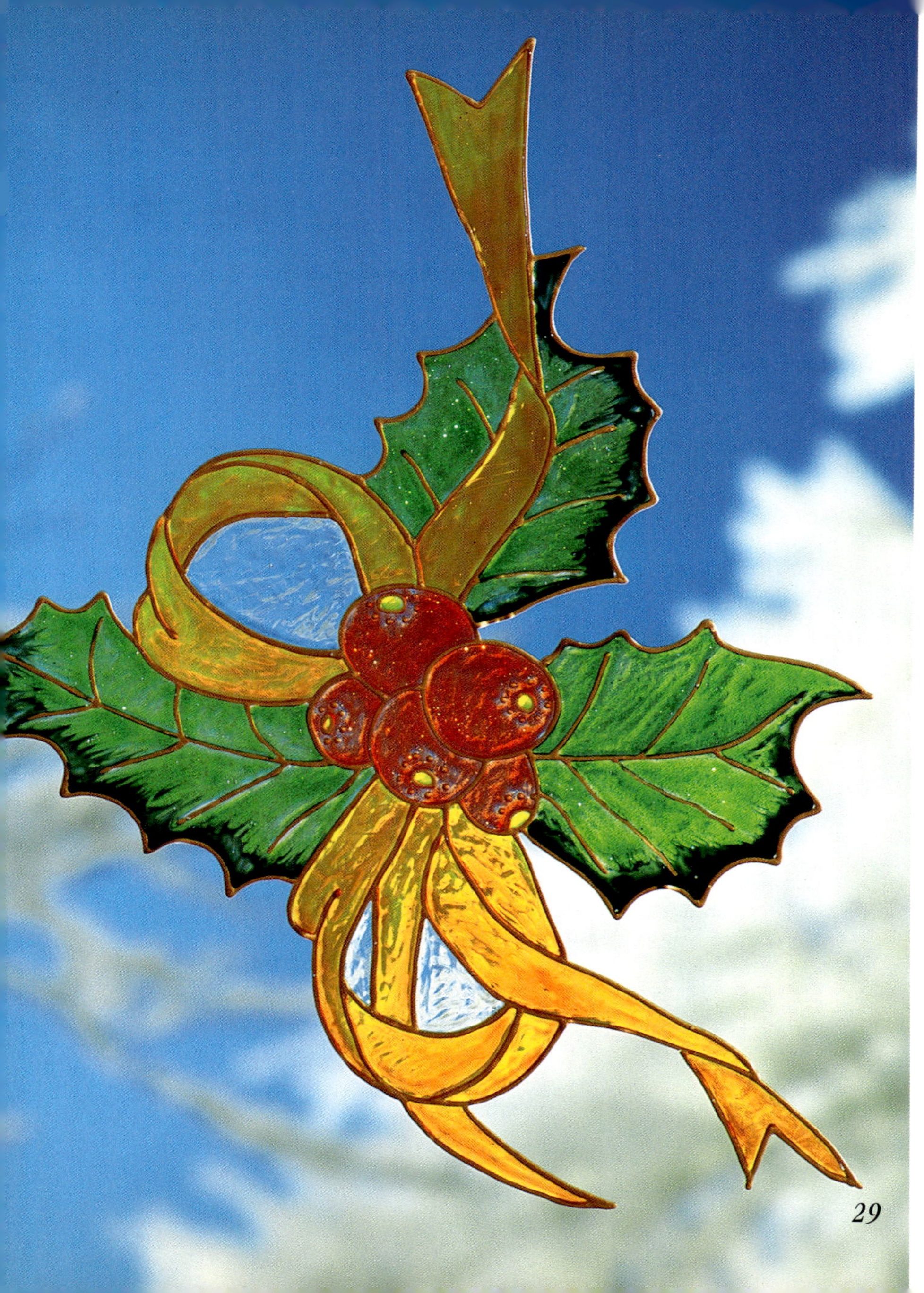

Ilexbeeren

Material

- **Kontur:** Gold
- **Farben:** Glitzer-Rot, Glitzer-Grün, Bernstein, Moosgrün

Vorlage S

Anleitung Seite 30

So geht's

Weihnachtszeit

Material
- **Kontur:** Gold
- **Farben:** Glitzer-Rot, Glitzer-Grün, Koralle, Royalblau, Bernstein, Rehbraun, Schwarz, Schneeweiß
- **Glimmer:** Gold

Vorlagen
T und U

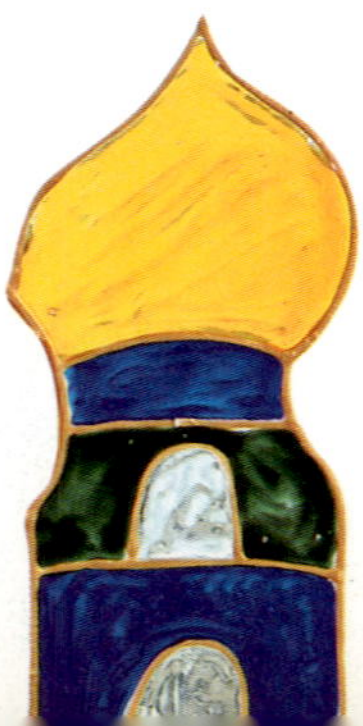

Tessaloniki

Abbildung Seite 24
Schwarz mit etwas Weiß aufhellen, den ersten Abschnitt der Säulen ausmalen. Das Grau immer weiter aufhellen.

Jugendstil

Abbildung Seite 25
Zur besseren Stabilität des Motivs alle Zwischenräume mit Kristallklar ausfüllen. Durch Verlängern oder Kürzen des Randmotivs kann das Bild jeder Fenstergröße angepaßt werden.

Moskau

Abbildung Seite 26/27
Alle Fenster und Türen mit Kristallklar ausfüllen.

Siehe auch Grundanleitung Seite 4!

Weihnachtsstern

Abbildung Seite 28
Die Konturenfarbe in kleinen Abschnitten auftragen und sofort mit Goldglimmer bestreuen. Nach dem Trocknen mit einem Borstenpinsel den Glimmer herunterfegen.

Ilexbeeren

Abbildung Seite 29
Die Blätter mit Moosgrün und Glitzer-Grün schattiert ausmalen.

Weihnachtszeit

Abbildung Seite 31
Die Augen des Nußknackers mit Schneeweiß ausfüllen und sofort einen Tropfen Schwarz als Pupille aufsetzen. Gesicht, Hals und Hände mit Koralle ausfüllen. Die Flächen, die mit Goldglimmer bestreut werden, erst nach dem Trocknen der anderen Farben ausmalen.

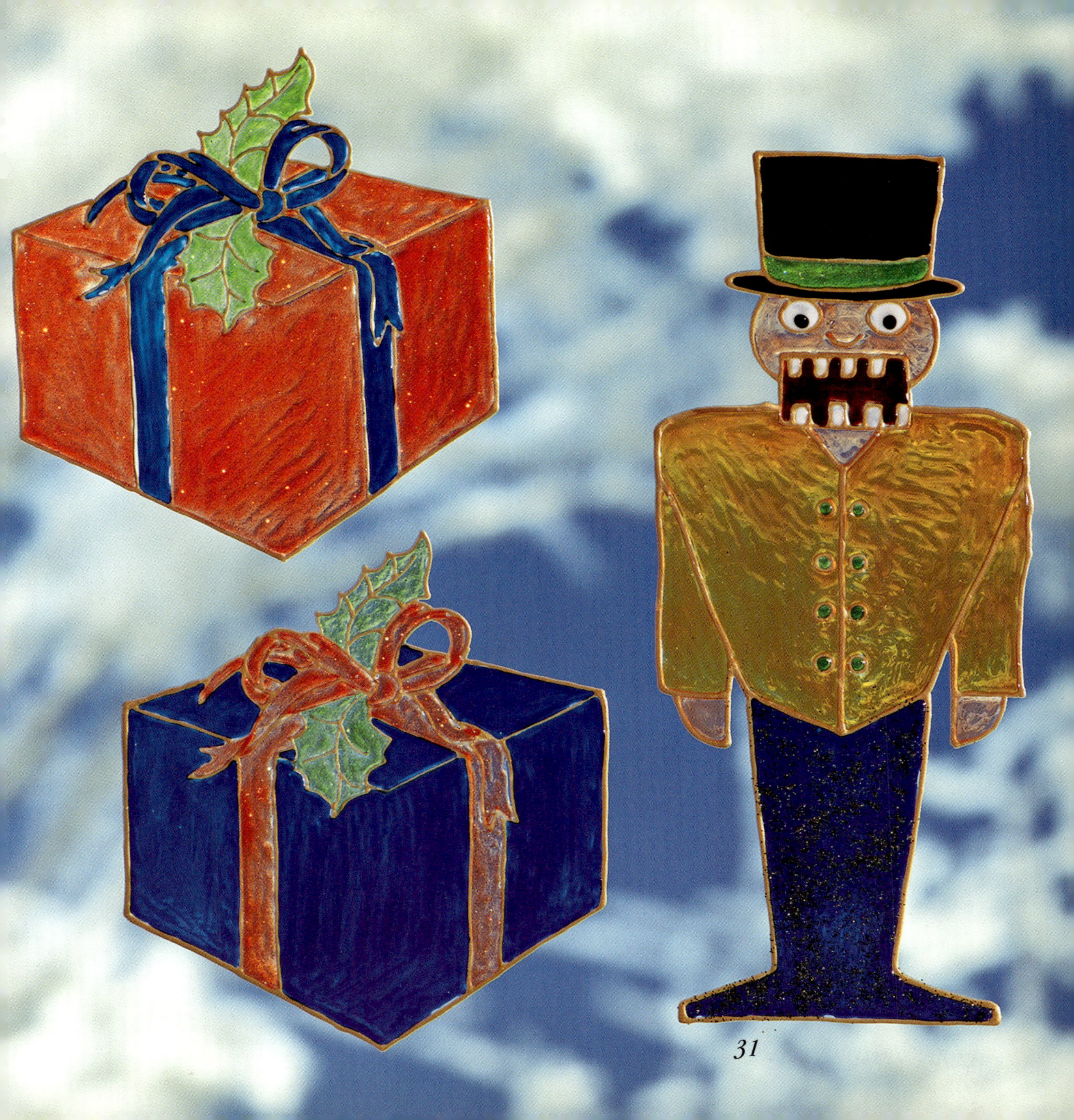

Neben dieser Auswahl aus der Brunnen-Reihe haben wir noch viele andere Bücher im Programm. Wir informieren Sie gerne - fordern Sie einfach unsere neuen Prospekte an:

- <u>Bücher für Ihre Kinder:</u> Basteln, Spielen und Lernen mit Kindern
- <u>Bücher für Ihre Hobbys:</u> Stoff und Seidenmalerei, Malen und Zeichnen, Keramik, Floristik
- <u>Bücher zum textilen Handarbeiten:</u> Sticken, Häkeln und Patchwork

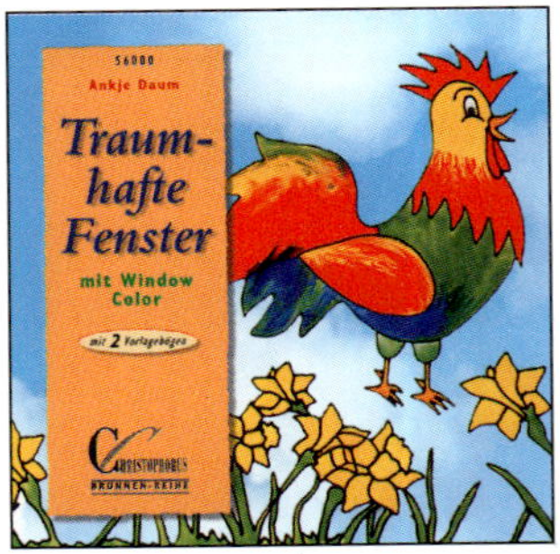

3-419-56000-1

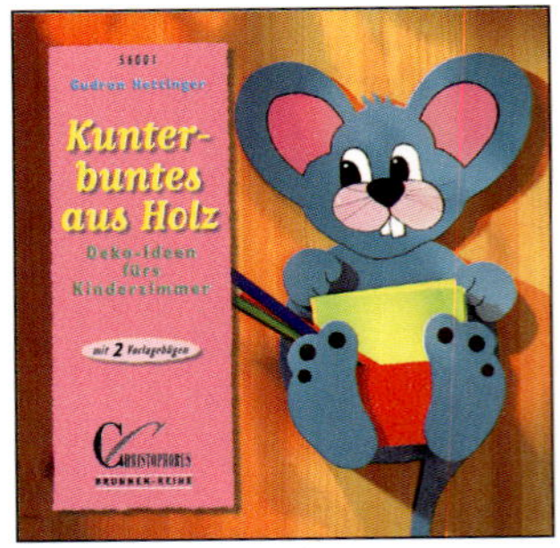

3-419-56001-x

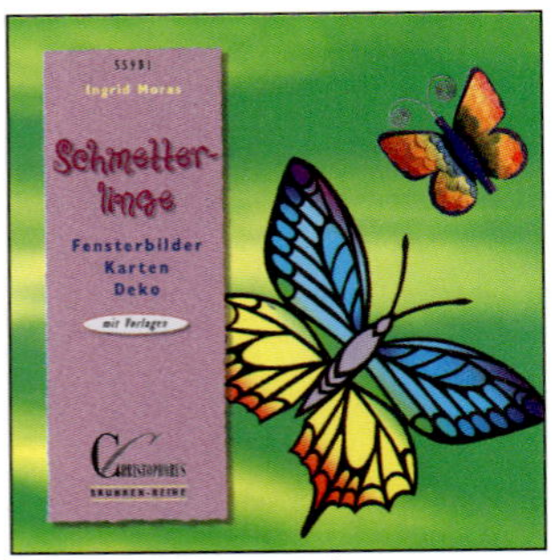

3-419-55981-x

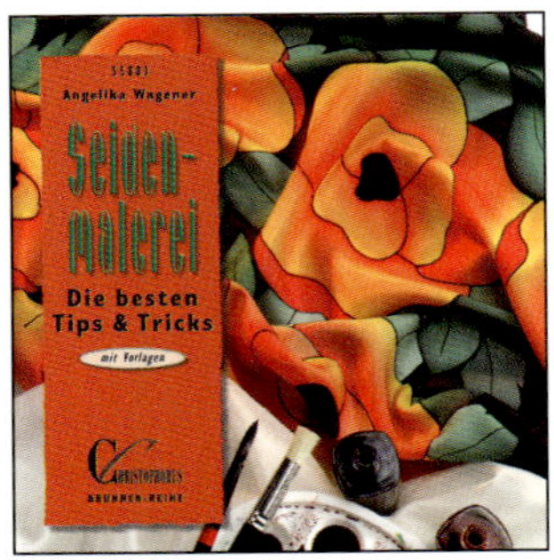

3-419-55883-x

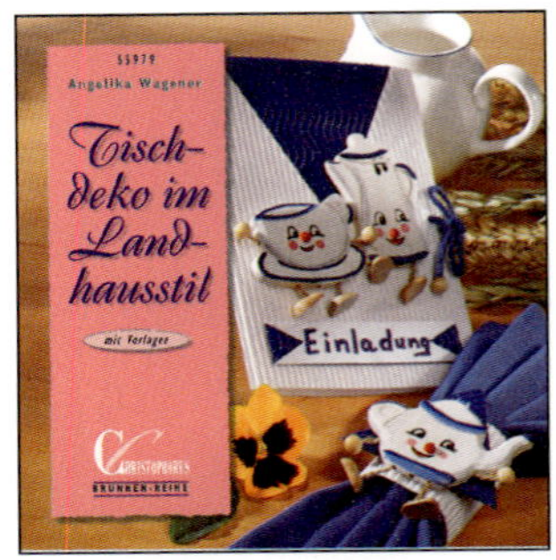

3-419-55979-8

Wir sind für Sie da, wenn Sie Fragen zu AutorInnen, Anleitungen oder Materialien haben.
Und wir interessieren uns für Ihre eigenen Ideen und Anregungen. Faxen, schreiben Sie oder rufen Sie uns an.
Wir hören gerne von Ihnen! Ihr Christophorus-Verlag

Christophorus
Bücher mit Ideen
Hermann-Herder-Str. 4 / 79104 Freiburg i. Breisgau
Tel: 0761/2717-268 oder Fax: 0761/2717-3